Cover Lesson Worksheets Year 7 French

part 1

linguascope

Table des Matières

Unit 1. Les nombres de 1 à 20	3
Unit 2. Ma famille et moi	13
Unit 3. Les animaux	23
Unit 4. Les verbes à l'infinitif	33
Unit 5. Halloween	43
Unit 6. Le présent	53
Unit 7. Chez nous	63
Unit 8. Les nombres de 1 à 60 et l'heure	73
Unit 9. En ville	83
Unit 10. Les snacks	93

Copyright Notice

No part of this publication may be reproduced, stored in a retrieval system or transmitted, in any form or by any means without the prior consent of the publisher. In case of photocopying or any other reprographic copying, Linguascope grants to one individual teacher who purchased the book or for whom the book was purchased, the right to reproduce sufficient copies of the worksheets contained within for use in the classroom of one individual teacher and only by students of one individual teacher. If the book was purchased by a school, this right extends to the whole department or institution and the invoice acts as a site licence.

Written by: Deborah Harvey and Stéphane Derône
Illustrated by: Ricardo Ferrand
Published by: Linguascope
ISBN: 978-1-84795-166-3
Printed in the UK
© linguascope

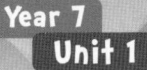

Les nombres de 1 à 20

Cover Lesson Worksheets — Year 7, Unit 1

Nom : _____ Classe : _____

1 Colour the numbers below according to the key at the bottom of the page.

Reading Level 1

- j. 15 / g
- b. 18 / d
- b. 1
- c. 6
- f. 20 / e
- a. 2
- e. 11 / f
- h. 14 / d
- i. 3
- g. 7
- j. 8

a. rouge	f. violet
b. bleu	g. jaune
c. orange	h. noir
d. vert clair	i. marron
e. vert foncé	j. rose

© linguascope   www.linguascope.com

Vocabulaire

1. un	• one
2. deux	• two
3. trois	• three
4. quatre	• four
5. cinq	• five
6. six	• six
7. sept	• seven
8. huit	• eight
9. neuf	• nine
10. dix	• ten
11. onze	• eleven
12. douze	• twelve
13. treize	• thirteen
14. quatorze	• fourteen
15. quinze	• fifteen
16. seize	• sixteen
17. dix-sept	• seventeen
18. dix-huit	• eighteen
19. dix-neuf	• nineteen
20. vingt	• twenty

Quel âge as-tu ?	• How old are you?
J'ai onze ans.	• I'm eleven years old.
C'est quand ton anniversaire ?	• When is your birthday?

Les couleurs / Colours

bleu	• blue
marron	• brown
jaune	• yellow
noir	• black
orange	• orange
rose	• pink
rouge	• rouge
vert	• green
vert clair	• light green
vert foncé	• dark green
violet	• purple

Les mois / Months

janvier	• January
février	• February
mars	• March
avril	• April
mai	• May
juin	• June
juillet	• July
août	• August
septembre	• September
octobre	• October
novembre	• November
décembre	• December

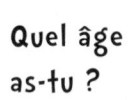

Unit 1 · Les nombres de 1 à 20 5

2 — Match the English and French numbers by colouring them in the same colour.

Reading Level 1

un	nine	neuf	trois	seven
six	two	dix	five	four
sept	one	three	huit	eight
deux	six	cinq	quatre	ten

3 — Write the correct numbers in French words next to the figures below.

Writing Level 1

a. one _____
b. two _____
c. three _____
d. four _____
e. five _____

f. six _____
g. seven _____
h. eight _____
i. nine _____
j. ten _____

4 — Circle or highlight the correct number of each item.

Reading Level 1

dix   neuf
sept

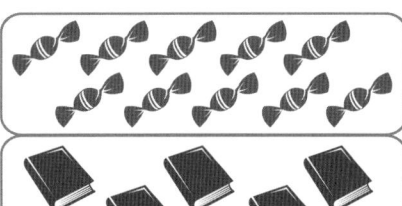

dix
deux   douze

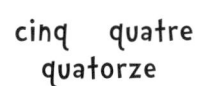

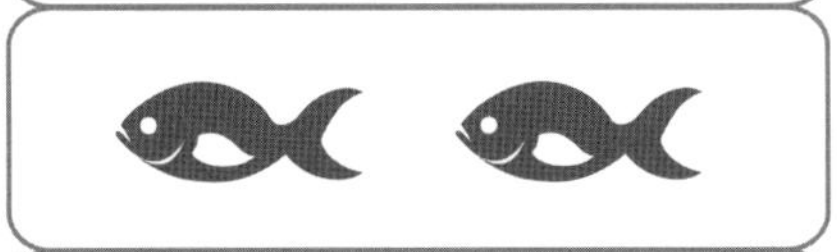

cinq   quatre
quatorze

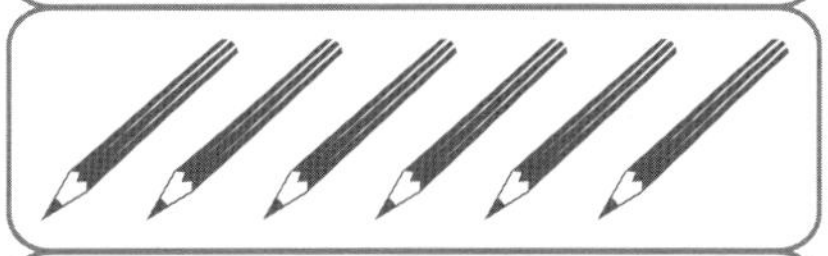

six
sept   quinze

trois   treize
trente

six
neuf   dix

six   quatre
cinq

sept
six   seize

six   quatre
cinq

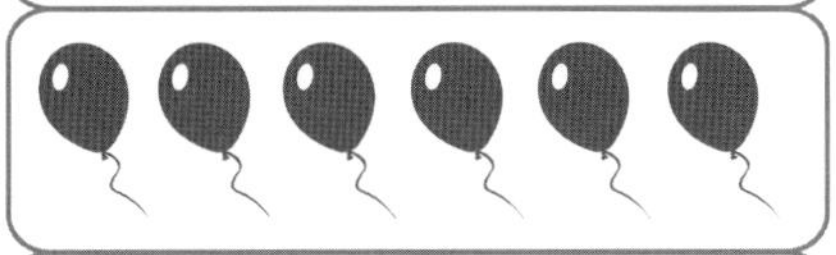

sept
six   cinq

© linguascope   www.linguascope.com

Unit 1 · Les nombres de 1 à 20

5. Answer the operations below in figures.

Reading Level 1

a. un + un = _____

b. trois + cinq = _____

c. deux + quatre = _____

d. cinq + cinq = _____

e. dix - deux = _____

f. neuf - trois = _____

g. trois x trois = _____

h. quatre x deux = _____

i. trois x un = _____

j. deux x trois = _____

6. Complete the operations with their missing numbers in French.

Writing Level 1

a. deux + _____ = huit

b. cinq + _____ = neuf

c. un + _____ = sept

d. dix - _____ = quatre

e. neuf - _____ = six

f. quatre - _____ = un

g. deux x _____ = dix

h. trois x _____ = trois

i. un x _____ = quatre

j. quatre x _____ = huit

7. Draw lines to match up the numbers below.

Reading Level 1

11
12
13
14
15
16
17
18
19
20

· seize
· onze
· dix-huit
· douze
· quatorze
· vingt
· dix-sept
· treize
· dix-neuf
· quinze

Unit 1 · Les nombres de 1 à 20

8 Fill in the correct letters to spell the French numbers.

a. u _
b. d _ x
c. si _
d. d _ u _
e. c _ _ q

f. n _ _ f
g. _ nz _
h. q _ _ tr _
i. h _ _ t
j. d _ _ z _

k. v _ _ g _
l. s _ _ z _
m. d _ _ - s _ _ _
n. t _ _ _ s
o. d _ _ - n _ _ _

p. t _ _ i _ _
q. _ _ x - _ _ i _
r. _ e _ t
s. _ _ i _ _ e
t. _ u _ t _ r _ _

9 What do the following sentences mean in English? The first one has been done for you.

J'ai onze ans. — I'm eleven years old.

J'ai quinze ans. _____

J'ai dix ans. _____

J'ai seize ans. _____

J'ai neuf ans. _____

J'ai quatorze ans. _____

J'ai douze ans. _____

J'ai treize ans. _____

10 Answer the following question in French for yourself.

Quel âge as-tu ?

_____

8 Unit 1 · Les nombres de 1 à 20

11 Find numbers 1-20 in French in the word search below. Write the numbers in French next to each figure as you find them.

Reading Level 1

```
U S S E P T A E R Y O L D F G D I D A E
O N D E X H U I T A H U D W H E A I T E
C D C A T O R E Z S N T R O E U M X E R
I L E S E R T Q U R E I N Z U S L N O N
N M S U C A N Z E V U N G T S Z D E S D
Q E E N X N I L E G F S E T X T E U E I
S I X S O T G N I V E N V I E C T F Z X
D S E T T E A E X I D E A R D A E R I S
A I L C S E D F O N Z E N L R T R O E E
E S X E R O P L E R D A S E A R B E S P
R X A H T R O I S N E N N O E N E Z D T
T E R T U N U E V E S D E I S E S N E U
A T D R O I S D E T S E A T L A E I R E
U D N U E F T T R E Z I E R T S E U I A
Q D E X R T E R A Q U A T O R Z E Q N O
```

1. _____   6. _____   11. _____   16. _____
2. _____   7. _____   12. _____   17. _____
3. _____   8. _____   13. _____   18. _____
4. _____   9. _____   14. _____   19. _____
5. _____   10. _____   15. _____   20. _____

12 Unscramble the letters below to spell out eight numbers in French.

Writing Level 1

a. uiht _____   e. eisze _____
b. gvnit _____   f. uinzqe _____
c. dxi-enuf _____   g. xid-espt _____
d. zeetir _____   h. ruteqa _____

© linguascope   www.linguascope.com

Unit 1 · Les nombres de 1 à 20

13 Write out the following telephone numbers in figures. The first one has been done for you.

Reading Level 1

a. zéro deux, vingt, seize, quinze, dix-huit   02 20 16 15 18
b. zéro trois, treize, quinze, onze, dix
c. onze, zéro huit, dix-huit, zéro cinq, seize
d. zéro deux, douze, quatorze, dix-sept, vingt
e. vingt, zéro quatre, quatorze, seize, zéro un
f. dix-huit, dix-sept, zéro sept, zéro neuf, vingt
g. dix-neuf, zéro trois, zéro cinq, seize, douze
h. dix, quatorze, dix-neuf, seize, zéro quatre

14 Complete writing the number patterns in French words.

Reading Level 1

a. deux   quatre   _____   huit   dix
b. trois   six   neuf   douze   _____
c. _____   cinq   huit   onze   quatorze
d. cinq   dix   _____   vingt   vingt-cinq
e. six   _____   dix-huit   vingt-quatre
f. deux   _____   dix   quatorze

15 How old are the following people and when are their birthdays? Answer in English.

Reading Level 2-3

Bonjour ! Je m'appelle David. J'ai vingt ans et mon anniversaire est le treize janvier.

Salut ! Je m'appelle Thierry. J'ai dix-huit ans. La date de mon anniversaire est le deux mai.

Bonjour ! Je m'appelle Mégane. J'ai seize ans et mon anniversaire est le cinq août.

© linguascope   www.linguascope.com

Unit 1 · Les nombres de 1 à 20

David
_____

Thierry
_____

Mégane
_____

16 Read the texts below and complete the table in English.

Reading Level 3-4

Bonjour ! Je m'appelle Émilie. J'ai douze ans. Mon anniversaire est le dix-neuf février. J'ai une sœur et un frère. Aussi j'ai un chat. Ma sœur s'appelle Nicole. Elle a dix-huit ans et mon frère s'appelle Christophe. Il a dix ans.

Bonjour ! Je m'appelle Robert. J'ai onze ans. La date de mon anniversaire est le premier juin. J'habite avec mes parents, mes deux sœurs et mes deux frères. Ma sœur Chloé a neuf ans et ma sœur Marina a dix-neuf ans. Mon frère Alain a quatorze ans et mon frère Christian a seize ans.

Name	Émilie	Robert
Age		
Date of birth		
How many brothers?		
How many sisters?		
Ages of brothers and sisters		

Premier · first

Unit 1 · Les nombres de 1 à 20

17 Write a paragraph in French below mentioning the following points:

> Your name · Your age · Your birthday · Your brothers and sisters · The ages of your brothers and sisters

Writng Level 3-4

_____

_____

_____

_____

_____

18 Read the text below and answer the questions in English.

Reading Level 4

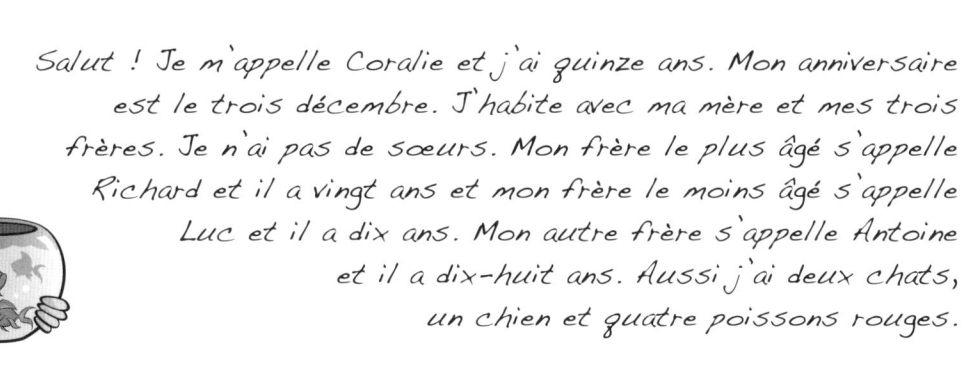

> Salut ! Je m'appelle Coralie et j'ai quinze ans. Mon anniversaire est le trois décembre. J'habite avec ma mère et mes trois frères. Je n'ai pas de sœurs. Mon frère le plus âgé s'appelle Richard et il a vingt ans et mon frère le moins âgé s'appelle Luc et il a dix ans. Mon autre frère s'appelle Antoine et il a dix-huit ans. Aussi j'ai deux chats, un chien et quatre poissons rouges.

a. How old is Coralie?

_____

b. When is Coralie's birthday?

_____

c. How many brothers does Coralie have?

_____

d. How many sisters does Coralie have?

_____

e. Write the details about her brothers.

_____

_____

f. How many pets does she have in total?

_____

19 Revision crossword·
Complete the crossword below in French:

Across
3. nineteen
6. twenty
10. five
12. four
13. seventeen
16. eleven
18. thirteen
19. seven

Down
1. six
2. two
3. eighteen
4. one
5. eight
7. three
8. ten
9. sixteen
11. fifteen
14. fourteen
15. twelve
17. nine

20 Revision of number 1-20·
Write all the numbers from 1-20 in French from memory. Once you have done, look back at the vocabulary list at the front of the booklet and mark your work. How many can you get right?

1. _____
2. _____
3. _____
4. _____
5. _____
6. _____
7. _____

8. _____
9. _____
10. _____

11. _____
12. _____
13. _____

14. _____
15. _____
16. _____
17. _____
18. _____
19. _____
20. _____

Ma famille et moi

Nom : _____   Classe : _____

1 Read the descriptions below then draw and colour the features of each person.

Reading Level 2

Je m'appelle Gabrielle. J'ai les yeux bleus et les cheveux blonds et longs.

Je m'appelle Magali. J'ai les yeux bruns et les cheveux noirs, mi-longs et frisés.

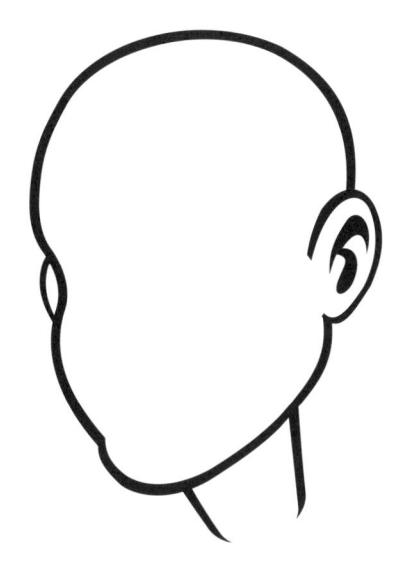

Je m'appelle Daniel. J'ai les yeux verts et les cheveux roux et mi-longs.

Je m'appelle Richard. J'ai les yeux gris et je n'ai pas de cheveux.

© linguascope   www.linguascope.com

Vocabulaire

Je m'appelle	• I am called
Il s'appelle	• He is called
Elle s'appelle	• She is called
J'ai…	• I have
Il a…	• He has
Elle a…	• She has
Je n'ai pas de…	• I don't have any
Il n'a pas de…	• He doesn't have any
Elle n'a pas de…	• She doesn't have any
Je suis…	• I am…
Il est…	• He is…
Elle est…	• She is…
Je ne suis pas…	• I am not…
Il n'est pas…	• He isn't…
Elle n'est pas…	• She isn't…

Ma famille / My family

beau-père	• step-father
belle-mère	• step-mother
cousin(e)	• cousin
demi-frère	• half-brother
demi-sœur	• half-sister
frère	• brother
frères jumeaux	• twin brothers
grand-mère	• grandmother
grands-parents	• grandparents
grand-père	• grandfather
mère	• mother
oncle	• uncle
père	• father
sœur	• sister
sœurs jumelles	• twin sisters
tante	• aunt

Les cheveux / Hair
Les yeux / Eyes

bleu(s)	• blue
brun(s)	• dark brown
châtain(s)	• light brown
gris	• grey
marron	• brown (chestnut)
noisette	• hazel
noir(s)	• black
roux	• red (hair)
vert(s)	• green
court(s)	• short
frisé(s)	• curly
long(s)	• long
mi-long(s)	• mid-length
en brosse	• spiky

Je porte des lunettes	• I wear glasses
Il/Elle porte des lunettes	• He/She wears glasses

Descriptions / Descriptions

de taille moyenne	• medium sized
grand(e)	• tall
petit(e)	• small
actif (active)	• active
bavard(e)	• chatty
gourmand(e)	• greedy
intelligent(e)	• intelligent
marrant(e)	• funny
méchant(e)	• nasty
paresseux (paresseuse)	• lazy
sportif (sportive)	• sporty
sympa	• nice
timide	• shy

un peu	• a bit
assez	• quite
très	• very

Unit 2 · Ma famille et moi

2a. Match the French and English adjectives by colouring them in the same colour.

Reading Level 1

marron	marrant	brown (chestnut)	tall	greedy
grand	nice	small	sympa	paresseux
chatty	timide	bavard	sporty	gourmand
sportif	funny	lazy	petit	shy

2b. Find the French words below in the word search. Cross them off the list as you find them.

Reading Level 1

```
A C T I C H Â T A I N S L S P E T E Y E
A C T I V E C Y E X E Y E S Y E L L Â U
C S B A V E R H B I E R T V E M G E I E
T A S J A M I D E L L E F I R S P G R V
I B L E U S G O L V G O U R E É S A I I
F B P A Z N S E U G E S E M T X F P S T
P A M A R U A R S C O U R T S A R I É R
O V T È F R I S É S C U X A S Y P M A O
R A I R U B R E U N H S R N G R I S P P
T R M C H E V E U È E B L M R E U D A S
Â D I L M A R T I M I D E Y A C H E R V
S D E S O L Â P R A N E R U N N G X E E
P O S R T N O R E È P V T I D I D U S U
O Y T T L O G M A N S G E R I G S E S Â
R E I M P A I S N D T E L R A R S S E X
T T I T E P É M P N E U N O T A I S U A
I U R O U X M A R R O N O X Â S R E S S
F X É F R I S R F E R I U T E R S R E E
I F X C H E P R B A V E R R D S P A D Z
O R U A E O A A I V È R Y S T A N P E T
N E E I L S É N I L O A S G C R A N R R
E É Y S P Y N T B M I L O N G S O B A E
```

je ☐
longs ☐
marrant ☐
marron ☐
mi-longs ☐
noirs ☐
paresseux ☐
paresseuse ☐
petit ☐
peu ☐
roux ☐
sportif ☐
sportive ☐
sympa ☐
timide ☐
très ☐
verts ☐
yeux ☐

actif ☐ bavard ☐ châtains ☐ elle ☐ grand ☐
active ☐ bleus ☐ cheveux ☐ frisés ☐ gris ☐
assez ☐ bruns ☐ courts ☐ gourmand ☐ il ☐

© linguascope   www.linguascope.com

Unit 2 · Ma famille et moi

3. Unscramble the letters below to spell ten adjectives in French.

Writing Level 1

a. mrgunoad _____

b. ctaif _____

c. tipet _____

d. ragnd _____

e. mranatr _____

f. ltegitineln _____

g. ymspa _____

h. midite _____

i. aseparssuee _____

j. avbadr _____

4. 4a. Read the identity card below and answer the questions in English.

Reading Level 1-2

CARTE D'IDENTITÉ

PRÉNOM Vincent
NOM DE FAMILLE Leclerc
ÂGE quatorze ans
HABITE Pau en France
ANNIVERSAIRE le 3 novembre
YEUX bruns
CHEVEUX noirs
CARACTERISTIQUES intelligent, actif et timide
FRÈRES/SŒURS deux frères et une sœur

a. What is Vincent's surname?

b. How old is Vincent?

c. Where does Vincent live?

d. When is Vincent's birthday?

e. What colour is Vincent's hair?

f. What colour are Vincent's eyes?

g. What type of person is Vincent?

h. How many brothers and sisters does Vincent have?

4b. Design an identity card for yourself in the box.

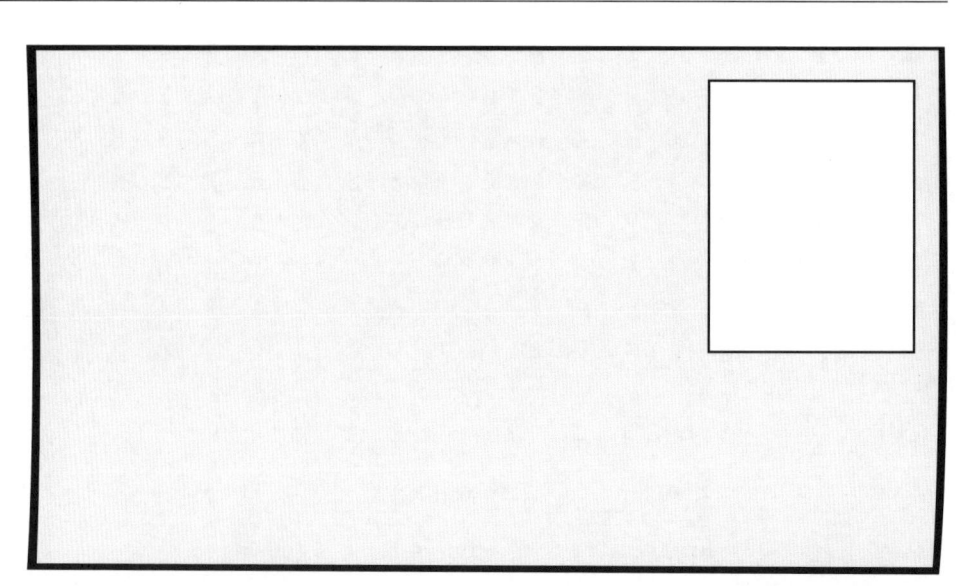

Writing Level 1-2

© linguascope

www.linguascope.com

Unit 2 • Ma famille et moi

5 Read the speech bubbles and complete the table in English.

Reading Level 2

Je m'appelle Hélène. J'ai les cheveux blonds et longs et les yeux bleus.

Je m'appelle Mathieu. J'ai les cheveux châtains et courts et les yeux verts.

Je m'appelle Clarisse. J'ai les cheveux mi-longs et noirs et les yeux bruns.

Name	Eyes	Hair

6 Write a sentence or two in French for each picture to describe what each person is like. The first one has been done for you.

Writing Level 2

J'ai les cheveux noirs et mi-longs et les yeux noirs. Je suis sportive.

7 Read about Sofia and Marc and answer the questions in English.

Reading Level 3

Je m'appelle Sofia et j'ai douze ans. J'ai les yeux verts et les cheveux longs et bruns. Je suis assez timide mais je suis très sportive.

Je m'appelle Marc et j'ai onze ans. J'ai les yeux bleus et les cheveux courts et blonds. Je suis très bavard et sympa mais un peu paresseux.

a. How old is Sofia?

b. How old is Marc?

c. What colour are Sofia's eyes?

d. What colour are Marc's eyes?

e. What is Sofia like?

f. What is Marc like?

© linguascope   www.linguascope.com

Unit 2 · Ma famille et moi

8 Fill the gaps in the text below with the words from the box.

Reading Level 3

Je _____ Simon. J'ai _____ ans.
Mon _____ est le deux _____. J' _____
un frère _____ s'appelle David. Il a treize _____.
J'ai les yeux _____ et les _____ noirs
et _____. Je _____ assez grand. Aussi
je suis _____. J'ai beaucoup de _____.

septembre · cheveux · m'appelle · ai · bleus · qui · copains · bavard · anniversaire · ans · suis · onze · courts

9 Wordsnake: Highlight all the French family words you can find in the snake.

Reading Level 1

frèredefsœurteoncletotantecousinxfrmèreeafpèrefrsparentssecousinersneveu

10 Read the text and then complete the identity card in French.

Reading Level 4   Writing Level 1

Salut ! Je m'appelle Adrien Dupont. J'ai quinze ans et mon anniversaire est le trente juin. J'habite à Nantes en France avec mon grand frère et ma petite sœur.
J'ai les yeux verts et les cheveux mi-longs et bruns. Je suis assez timide, mais je suis intelligent et très sportif. J'adore jouer au tennis, faire du ski et faire de la natation mais je n'aime pas jouer au golf parce que c'est nul !

PRÉNOM : _____
NOM DE FAMILLE : _____
ÂGE : _____
HABITE : _____
ANNIVERSAIRE : _____
YEUX : _____
CHEVEUX : _____
CARACTÉRISTIQUES : _____
_____
FRÈRES/SŒURS : _____
PASSE-TEMPS : _____
_____

© linguascope   www.linguascope.com

Unit 2 • Ma famille et moi

11. Read the text and answer the questions in English.

Reading Level 4

Bonjour ! Je m'appelle Benjamin. J'ai douze ans. Mon anniversaire est le treize mai. Je suis assez grand et j'ai les cheveux blonds et courts et les yeux bruns. Je suis très actif. J'adore les sports. Je joue au foot et je joue au tennis. Aussi je fais du judo. Je suis intelligent. Mon frère s'appelle Sébastien et il a quatorze ans. Il est grand et il a les cheveux bruns et courts et les yeux marron. Il n'aime pas le sport. Il est paresseux. Ma sœur s'appelle Naomi et elle a dix ans. Elle est petite et elle a les cheveux blonds et longs et les yeux bruns comme moi. Elle est très bavarde et marrante.

a. How old is Benjamin? _____
b. When is Benjamin's birthday? _____
c. What does Benjamin look like? _____
d. What sort of person is Benjamin? _____
e. How old is Sébastien? _____
f. What does Sébastien look like? _____
g. What sort of person is Sébastien? _____
h. Who is Naomi? _____
i. How old is Naomi? _____
k. What sort of person is Naomi? _____
j. What does Naomi look like? _____

12. Read the texts and then correct the sentences on the next page. Write the complete sentence each time.

Reading Level 4 Writing Level 2

Je m'appelle Lucie. J'ai une sœur qui s'appelle Mélanie et j'ai un frère qui s'appelle Marc. Mes parents s'appellent Sandrine et Maurice. J'ai les yeux bleus et les cheveux blonds et courts. Je suis assez petite et sportive. J'ai un chat s'appelle Tabitha.

Je suis Pascal. J'ai douze ans. Je n'ai pas de frères et sœurs. Je suis fils unique. Ma mère s'appelle Thérèse et mon beau-père s'appelle Robert. Il est grand et marrant. J'ai les yeux noisette et les cheveux noirs et frisés. Je suis grand, intelligent et sympa. J'ai deux souris et un lapin.

Je m'appelle Nicole. J'ai onze ans. J'ai une sœur, Émelie et une demi-sœur qui s'appelle Mégane. J'ai les yeux verts et les cheveux roux et longs. J'ai un chien qui s'appelle Bobo et un cheval s'appelle Éclair. J'adore les animaux et faire de l'équitation. Je suis de taille moyenne et je suis bavarde.

Je suis Julien. J'ai treize ans et mon anniversaire est le vingt juillet. J'ai deux sœurs jumelles. Elles ont neuf ans. J'ai les yeux marron et les cheveux bruns en brosse. Je suis paresseux mais je suis sympa. Je n'ai pas d'animaux mais je voudrais un serpent.

© linguascope www.linguascope.com

a. Lucie a un frère qui s'appelle Mélanie.

b. Lucie a les yeux verts et les cheveux bruns et longs.

c. Lucie est assez grande et paresseuse.

d. Lucie a un chien s'appelle Tabitha.

e. Pascal a onze ans.

f. Pascal a un frère et une soeur.

g. Pascal a un père qui s'appelle Robert.

h. Pascal a les yeux bleus et les cheveux blonds en brosse.

i. Pascal est petit, stupide et méchant.

j. Pascal n'a pas d'animal.

k. Nicole a douze ans.

l. Nicole a deux frères.

m. Nicole a les yeux noisette et les cheveux bruns et courts.

n. Nicole a un chat qui s'appelle Bobo et un chien qui s'appelle Éclair.

o. Nicole n'aime pas d'animaux.

p. Nicole fait de la natation.

q. Nicole est petite et elle est timide.

r. Julien a trente ans.

s. L'anniversaire de Julien est le quinze mai.

t. Julien a deux frères jumeaux.

u. Les frères de Julien ont douze ans.

v. Julien a les yeux verts et les cheveux noirs et mi-longs.

w. Julien est sportif et gourmand.

x. Julien a un serpent.

Unit 2 · Ma famille et moi

13
Write a paragraph in French to introduce yourself, and to describe yourself and the members of your family. Use the texts in this booklet to help you.

Writing Level 4

_____

_____

_____

_____

_____

_____

_____

_____

_____

14
Read the text and answer the questions in English.

Reading Level 4-5

Il s'appelle Alain et il a quatorze ans. Il habite à Nantes en France. Il habite dans un grand appartement avec ses parents et son frère. Il a les cheveux roux et courts et les yeux bleus. Aussi il porte des lunettes. Il est assez grand et mince. Il est intelligent et très sportif. Il aime jouer au rugby et faire de la natation mais il n'aime pas jouer au golf parce que c'est ennuyeux! Il n'a pas d'animaux mais il voudrait un chien parce qu'il voudrait promener le chien dans le parc. Son frère s'appelle Robert. Il a dix ans et il a les cheveux bruns et courts et les yeux bleus. Son frère est assez timide mais très intelligent.

Il voudrait · He would like

a. How old is Alain?

_____

b. Where does Alain live? Give two details.

_____

c. Who does Alain live with?

_____

d. Describe what Alain looks like.

_____

e. Describe Alain's character.

_____

f. What does Alain like to do? Give two details.

g. What does Alain not like to do and why?

h. What animal would Alain like to have and why?

i. Describe Alain's brother. Give as much detail as possible.

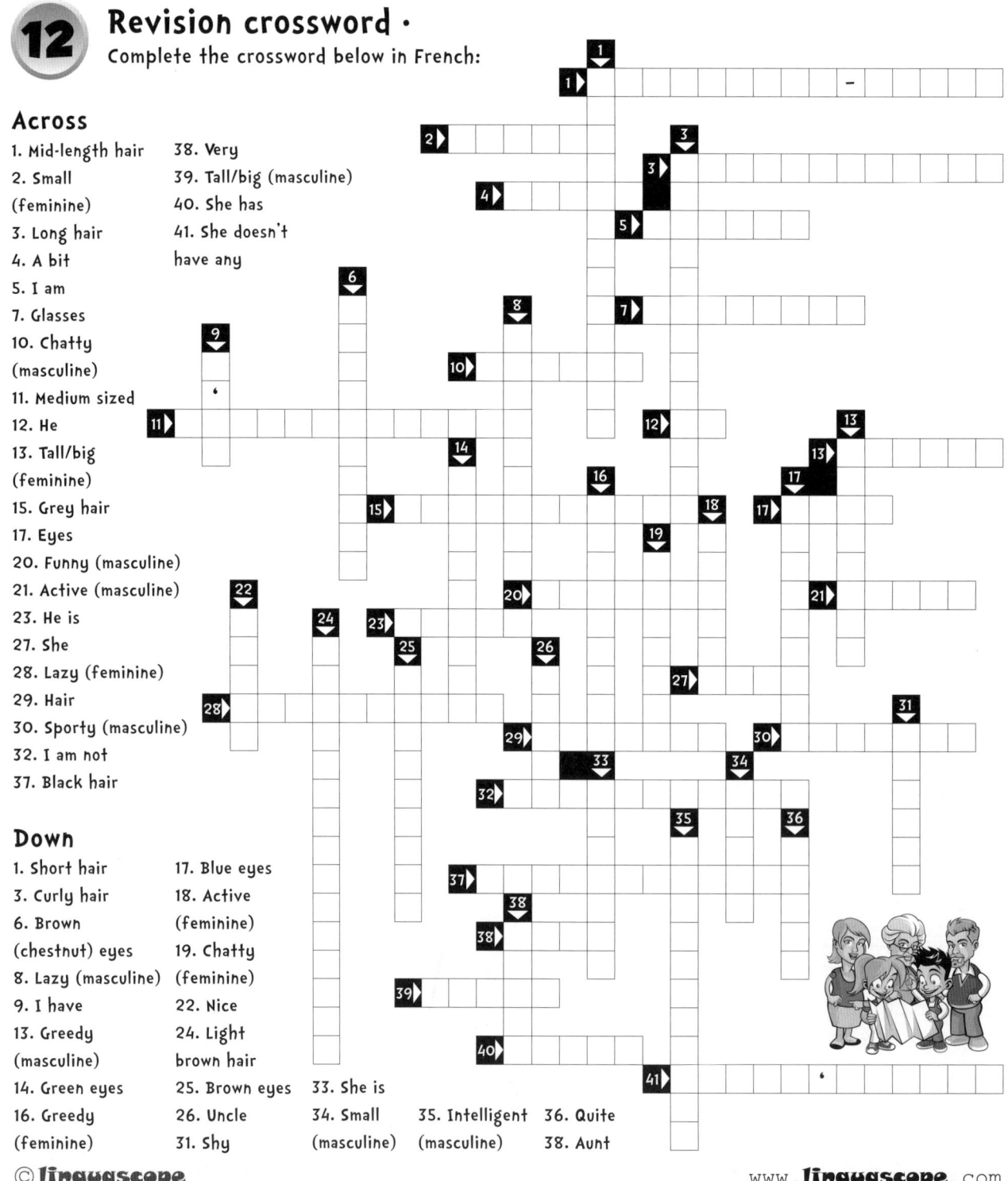

12 Revision crossword •
Complete the crossword below in French:

Across
1. Mid-length hair
2. Small (feminine)
3. Long hair
4. A bit
5. I am
7. Glasses
10. Chatty (masculine)
11. Medium sized
12. He
13. Tall/big (feminine)
15. Grey hair
17. Eyes
20. Funny (masculine)
21. Active (masculine)
23. He is
27. She
28. Lazy (feminine)
29. Hair
30. Sporty (masculine)
32. I am not
37. Black hair
38. Very
39. Tall/big (masculine)
40. She has
41. She doesn't have any

Down
1. Short hair
3. Curly hair
6. Brown (chestnut) eyes
8. Lazy (masculine)
9. I have
13. Greedy (masculine)
14. Green eyes
16. Greedy (feminine)
17. Blue eyes
18. Active (feminine)
19. Chatty (feminine)
22. Nice
24. Light brown hair
25. Brown eyes
26. Uncle
31. Shy
33. She is
34. Small (masculine)
35. Intelligent (masculine)
36. Quite
38. Aunt

Les animaux

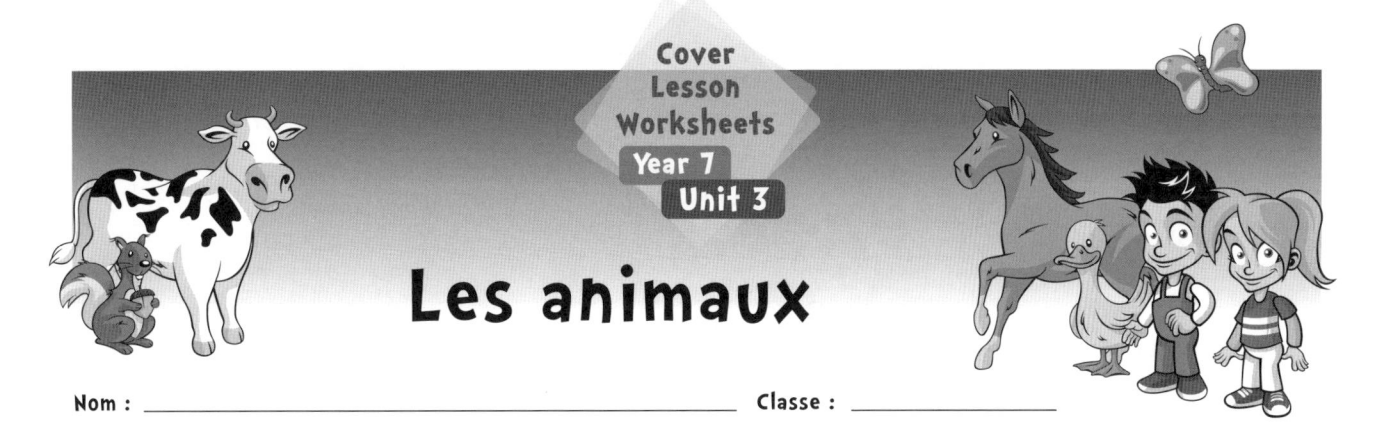

Cover Lesson Worksheets Year 7 Unit 3

Nom : _____ Classe : _____

1 Draw eight of your favourite animals below and label them in French. Use the vocabulary on the inside front cover and/or a dictionary to help you.

Writing Level 1

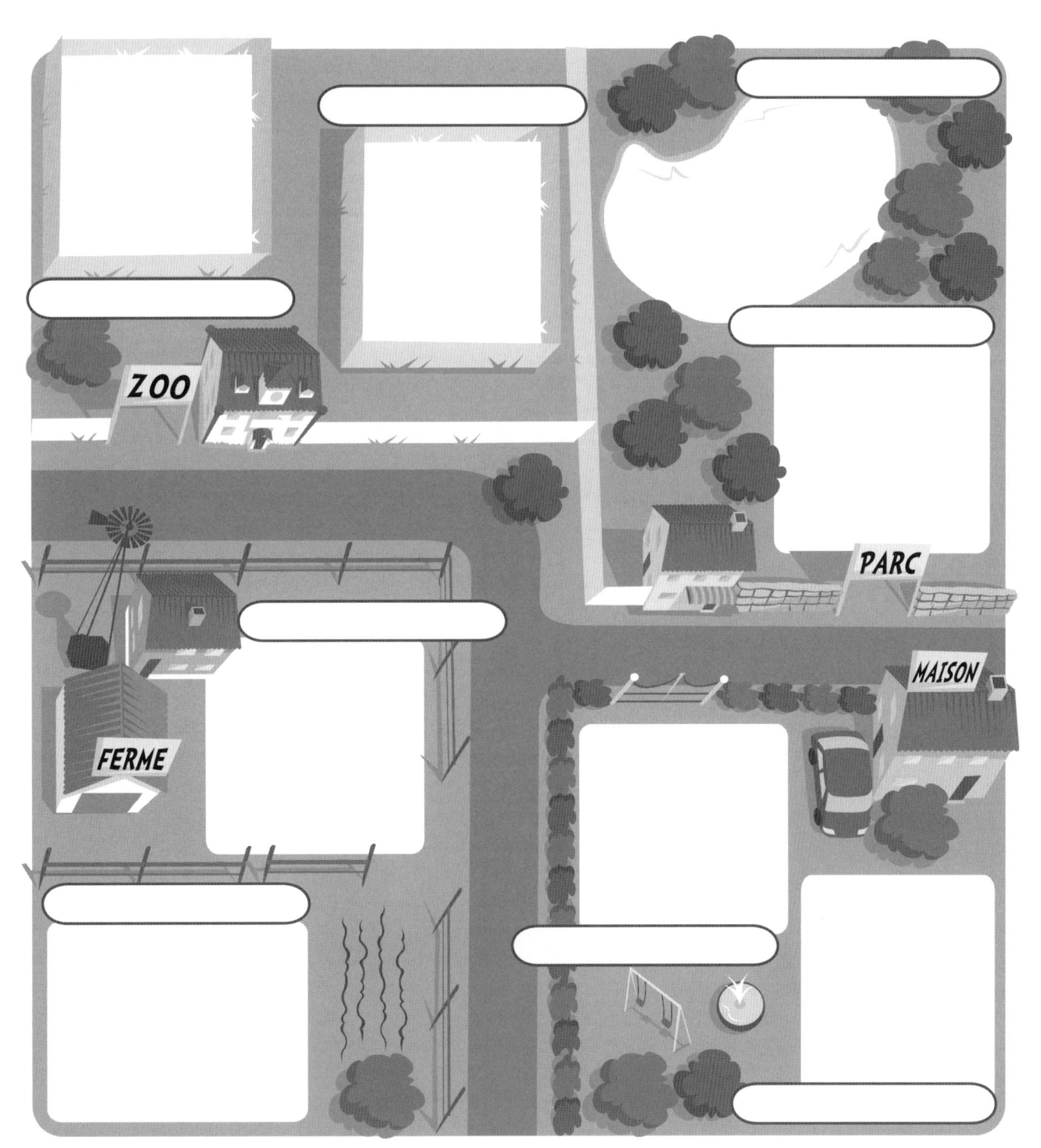

ZOO

PARC

MAISON

FERME

© linguascope   www.linguascope.com

Vocabulaire

une abeille	• a bee
une araignée	• a spider
un bouc	• a goat
un canard	• a duck
un chat	• a cat
un cheval	• a horse
un chien	• a dog
une chouette	• an owl
un cochon	• a pig
un écureuil	• a squirrel
un escargot	• a snail
une girafe	• a giraffe
une grenouille	• a frog
un hamster	• a hamster
un hérisson	• a hedgehog
un lapin	• a rabbit
un lion	• a lion
une mouche	• a fly
un mouton	• a sheep
un oiseau	• a bird
un panda	• a panda
un papillon	• a butterfly
un poisson	• a fish
un poisson rouge	• a goldfish
une poule	• a chicken
un serpent	• a snake
un singe	• a monkey
une souris	• a mouse
un tigre	• a tiger
une tortue	• a tortoise
une vache	• a cow
un ver	• a worm

des carottes	• carrots
des bananes	• bananas
de la laitue	• lettuce
des os	• bones
du pain	• bread
du fromage	• cheese
des noix	• nuts
de l'herbe	• grass

Les couleurs / Colours

rouge	• red
orange	• orange
jaune	• yellow
bleu	• blue
vert clair	• light green
vert foncé	• dark green
rose	• pink
violet	• purple
blanc	• white
gris	• grey
marron	• brown
noir	• black

Les nombres / Numbers

1	• un
2	• deux
3	• trois
4	• quatre
5	• cinq
6	• six
7	• sept
8	• huit
9	• neuf
10	• dix

Unit 3 • Les animaux 25

2 Label the pictures below in French.

Writing Level 1

26   Unit 3 · Les animaux

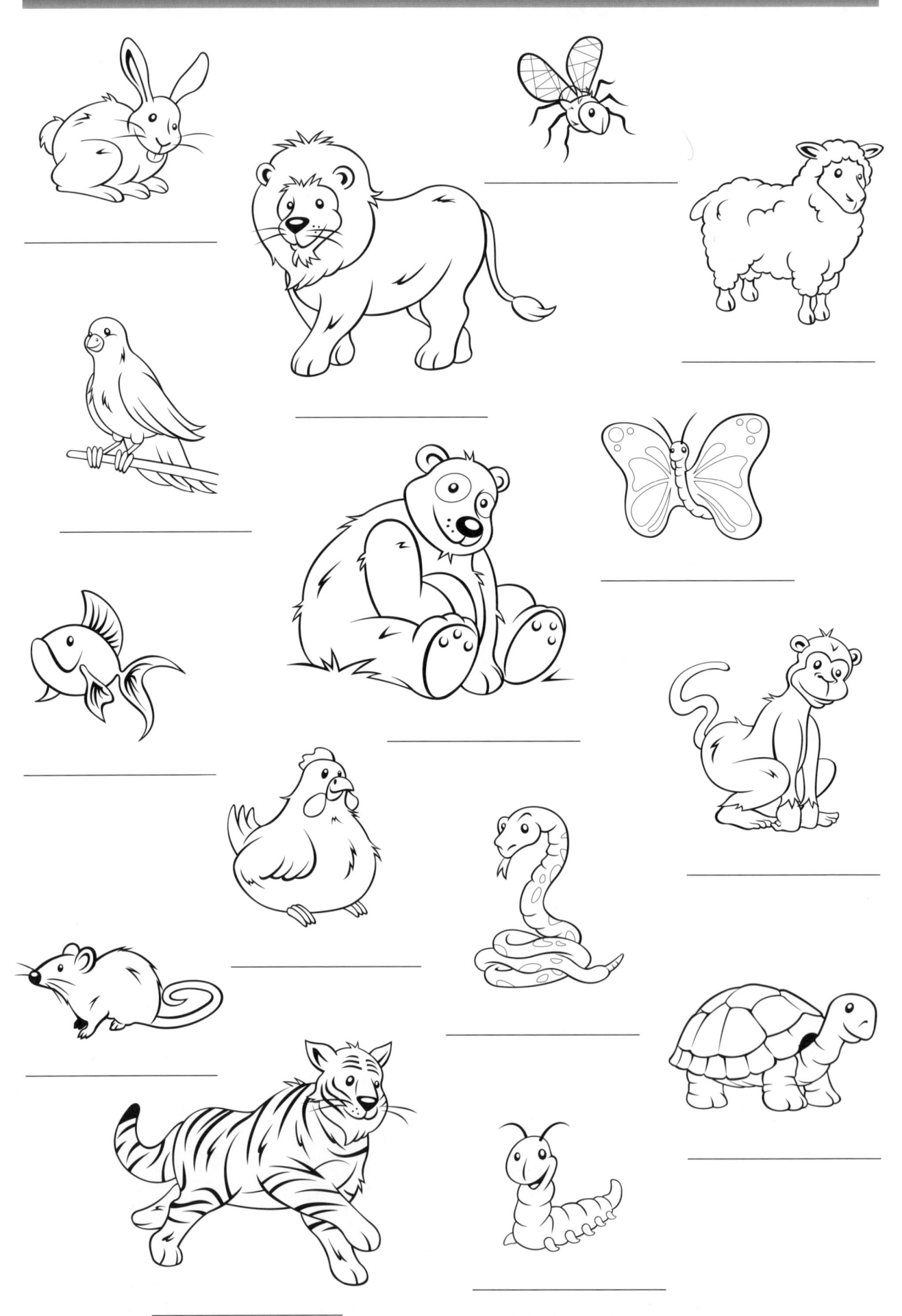

Unit 3 · Les animaux

3
How many animals in French can you find in the grid below? Write them in the list.

Reading Level 1

1. _____
2. _____
3. _____
4. _____
5. _____
6. _____
7. _____
8. _____
9. _____
10. _____
11. _____
12. _____
13. _____
14. _____
15. _____
16. _____

```
A S N E I H C E R T Y E V C N A S O R
R B O U C F E H C H A E R T O C H I E
A E E T G L R N O H C O C O S U R I S
I R A I L C E C E U E R P L S A E S P
G C N P L A R H S E E U A N I P A L E
N R A O H L S O U S U T L É O O N N N
É E C N C H E V A L A S T A P L N O S
E A C H A T S P L O N T N E A U A S T
P I H P O R E O É C U R E U I L F S N
L O I S S O D L A T I H G N M E R I E
O D U R B I P A P I L L O N I D T R P
E P E L A R P T R E O L V B E A S É R
L O N A E D A B P D T R C M O U C H E
I I G E F É L E U A E S I O I L É R S
U S E I A S J O A N N R C U R I R E M
E S C A R G O T D A S D A T S P S T I
R E G E S A L R A É T R A O B A R S E
U A R H A T F S T E R T U N E N E M C
C X E T U I L E O I S E A U I O P A N
É C H E A V E G R E N O U I L L E H B
```

17. _____   20. _____   23. _____
18. _____   21. _____   24. _____
19. _____   22. _____   25. _____

4
Colour the animals in exercise 2 according to the descriptions below.

Reading Level 2

1. une abeille noire et jaune
2. une araignée noire
3. un bouc gris
4. un canard marron et jaune
5. un chat gris et noir
6. un cheval marron et noir
7. un chien marron et blanc
8. une chouette marron et jaune
9. un cochon rose
10. un écureuil gris
11. un escargot marron et vert clair
12. une girafe jaune et marron
13. une grenouille verte
14. un hamster marron
15. un hérisson gris
16. un lapin gris et blanc
17. un lion jaune et marron
18. une mouche noire
19. un mouton blanc
20. un oiseau marron et rouge
21. un panda noir et blanc
22. un papillon violet et rose
23. un poisson orange et bleu
24. une poule marron, rouge et jaune
25. un serpent vert foncé et jaune
26. un singe marron et pêche
27. une souris grise et blanche
28. un tigre orange et marron
29. une tortue vert foncé et marron
30. un ver gris

© linguascope   www.linguascope.com

Unit 3 · Les animaux

5 Draw lines with a ruler to match the animal to the food they eat. *Reading Level 2*

a. un chat ·
b. un écureuil ·
c. une araignée ·
d. une tortue ·
e. une vache ·
f. un chien ·
g. un canard ·
h. un lapin ·
i. une souris ·
j. un singe ·

· des noix
· du fromage
· des bananes
· des carottes
· des os
· de l'herbe
· des mouches
· du pain
· du poisson
· de la laitue

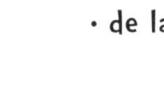

6 Grammaire

Are each of the animals below masculine or feminine? un or une? Fill in the gap with the correct word for one/a in French.

a. _____ chat
b. _____ lion
c. _____ tigre
d. _____ chien
e. _____ vache
f. _____ grenouille
g. _____ canard
h. _____ abeille
i. _____ poule
j. _____ cochon

7 Unscramble the French food items below. *Writing Level 1*

a. ceaotrt _____
b. pian _____
c. abanne _____
d. opssion _____
e. foergam _____

8 Write all the animals in French from exercise 6 under their correct home below. *Reading/Writing Level 1*

Au Zoo
À la maison
Au parc / Dans le jardin
Dans une ferme

9 Write another two animals of your choice in French under each place above. *Reading/Writing Level 1*

Unit 3 • Les animaux

10

Read the posters below about missing animals and answer the questions in English.

Reading Level 3

Poster 1

PERDU

J'ai perdu mon petit chat noir. Il a deux ans. Il s'appelle Archard. Aidez-moi à le retrouver ! Téléphone: 07 43 35 32 43

Poster 2

PERDU

J'ai perdu mon chien marron. Il a huit mois. Il s'appelle Bernard. Il est très timide. Contactez-moi: CDupont@moncourriel.fr

a. What is the word for lost in French? _____

b. What animal is lost in Poster 1? _____

c. What is the name of the animal in poster 1? _____

d. What colour is the animal in poster 1? _____

e. How old is the animal in poster 1? _____

f. What animal is lost in poster 2? _____

g. What is the name of the animal in poster 2? _____

h. What colour is the animal in poster 2? _____

i. How old is the animal in poster 2? _____

j. How can you contact the person in poster 1? _____

k. How can you contact the person in poster 2? _____

11

A neighbour has lost a pet and wants you to design a poster for it in French. Complete the task in the box.

Writing Level 3

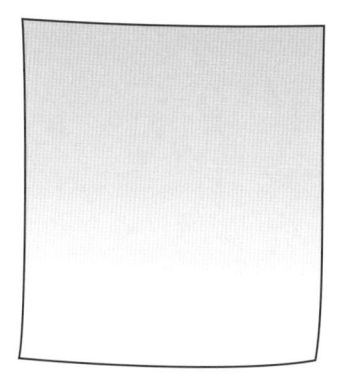

12 Read about what animals the following people have and complete the table in English.

Reading Level 3

Salut! Je m'appelle Rachel. J'ai un chat noir et blanc. Il s'appelle Foufou. Aussi j'ai deux poissons rouges. Je voudrais un chien parce que j'aime faire des promenades.

Bonjour! Je m'appelle André. J'ai un petit lapin gris. Il s'appelle Bonbon mais je voudrais un serpent parce qu'ils sont intéressants et exotiques!

Salut! Je m'appelle Marie. J'ai un cheval marron qui s'appelle Beauté. J'adore mon cheval mais je voudrais un petit chien qui peut dormir sur mon lit.

Name	Pets	Colour(s) of pets	Names of pets	Pet they would like
Rachel				
André				
Marie				

13 Write a few sentences about what animals you have. Include their colour(s) and name(s). Also say what animal you would like.

Writing Level 3

_____

_____

_____

_____

_____

_____

Unit 3 · Les animaux

14
Read about Fabien and answer the questions in English.

Reading Level 4

> Bonjour ! Je m'appelle Fabien. J'habite dans une ferme dans le sud de la France. J'habite avec mes parents et mon frère qui s'appelle Jacques. Nous avons beaucoup d'animaux. J'ai deux chats. Un chat est noir et l'autre est marron et blanc. Aussi nous avons un chien qui s'appelle Bruno. Il est grand et noir. Il y a cinq vaches noires et blanches, huit cochons roses, six poules marron et dix moutons blancs. J'aime la ferme et j'adore tous les animaux.

a. Where does Fabien live exactly?

b. Who does Fabien live with?

c. Describe all the animals Fabien has.

15
Write a paragraph in French about where and who you live with and what animal(s) you have. Describe your animal(s). Can you also include an animal you would like to have and why? Use the ideas on the next page to help you.

Writing Level 4

© linguascope   www.linguascope.com

Ideas

J'habite...	• I live	dans le nord/sud/ est/ouest	• in the north/south/ east/west
dans une maison	• in a house	de l'Angleterre	of England
dans un appartement	• in a flat/apartment	J'habite avec...	• I live with...
dans une ferme	• on a farm	J'ai...	• I have...
à la campagne	• in the country	Il y a...	• There is/are...
en ville	• in town	Il/Elle s'appelle...	• He/She is called...
		Il/Elle est...	• He/She is...

16 Revision crossword •
Complete the crossword below in French:

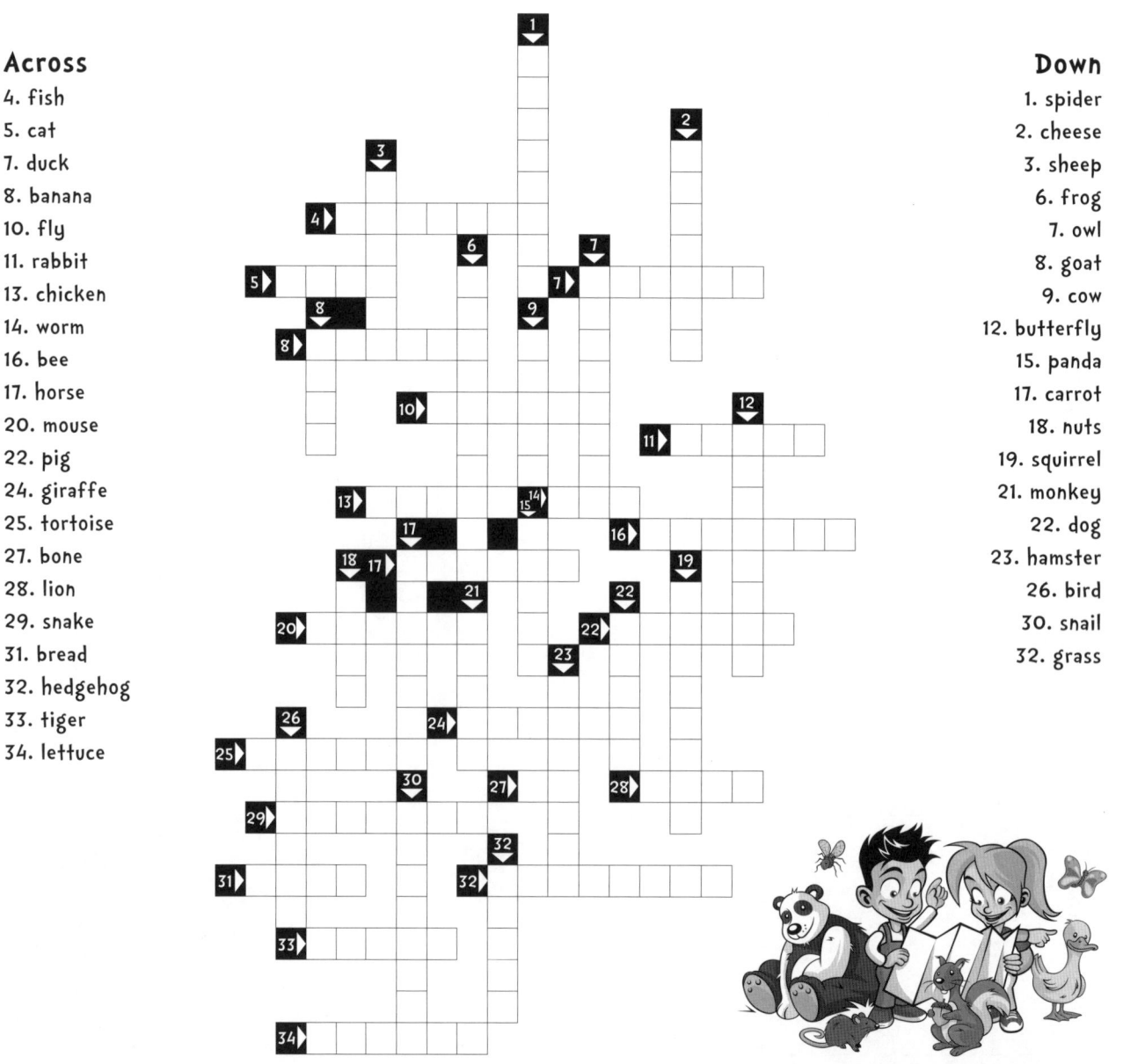

Across
4. fish
5. cat
7. duck
8. banana
10. fly
11. rabbit
13. chicken
14. worm
16. bee
17. horse
20. mouse
22. pig
24. giraffe
25. tortoise
27. bone
28. lion
29. snake
31. bread
32. hedgehog
33. tiger
34. lettuce

Down
1. spider
2. cheese
3. sheep
6. frog
7. owl
8. goat
9. cow
12. butterfly
15. panda
17. carrot
18. nuts
19. squirrel
21. monkey
22. dog
23. hamster
26. bird
30. snail
32. grass

© linguascope

www.linguascope.com

Les verbes à l'infinitif

Cover Lesson Worksheets — Year 7, Unit 4

Nom : _____   Classe : _____

1 Draw a picture to illustrate each sentence. Use the vocabulary on the inside front cover to help you and/or a dictionary.

Reading Level 2

- J'aime jouer au foot.
- J'adore faire de la natation.
- Je n'aime pas travailler.
- Je n'aime pas chanter.
- J'aime boire du coca.
- Je déteste aller au collège.
- J'aime porter un chapeau.
- Je déteste manger des légumes.
- J'adore téléphoner à mes amis.

© linguascope   www.linguascope.com

Vocabulaire

Les infinitifs / The infinitives

acheter	· to buy
adorer	· to love
aimer	· to like
aller	· to go
avoir	· to have
bavarder	· to chat
boire	· to drink
célébrer	· to celebrate
chanter	· to sing
choisir	· to choose
commencer	· to begin
danser	· to dance
demander	· to ask for
dépenser	· to spend (money)
donner	· to give
écouter	· to listen
entrer	· to enter
envoyer	· to send
être	· to be
faire	· to do
fermer	· to close
gagner	· to win/to earn
habiter	· to live

jouer	· to play
lire	· to read
manger	· to eat
nager	· to swim
oublier	· to forget
ouvrir	· to open
parler	· to speak
payer	· to pay
perdre	· to lose
porter	· to wear
pratiquer	· to practice
préférer	· to prefer
quitter	· to leave
ranger	· to tidy
regarder	· to watch
rentrer	· to return
rester	· to stay
sortir	· to go out
téléphoner (à)	· to telephone
travailler	· to work
utiliser	· to use
vendre	· to sell
venir	· to come

J'adore + l'infinitif	· I love + infinitive
J'aime + l'infinitif	· I like + infinitive
Nous aimons + l'infinitif	· We like + infinitive
Je n'aime pas + l'infinitif	· I don't like + infinitive
Je déteste + l'infinitif	· I hate + infinitive
Je voudrais + l'infinitif	· I would like + infinitive
Il/Elle voudrait + l'infinitif	· He/She would like + infinitive
Je préfère + l'infinitif	· I prefer + infinitive
Il/Elle préfère + l'infinitif	· He/She prefers + infinitive

Grammaire · Infinitifs

What is an infinitive? It is the verb you find in the dictionary in its original form before it is changed into a tense.
For example:

to play	· jou**er**
to watch	· regard**er**
to choose	· chois**ir**
to sell	· vend**re**

The infinitives end in one of three endings in French:

· **er**   · **ir**   · **re**

Unit 4 · Les verbes à l'infinitif

2a. Find the French infinitives in the word search below. Cross them off the list as you find them.

Reading Level 1

```
A T É A V O I R A R E T U O C É T R E Ê
C I T L C Ê T R E L O U B L I E I R E T
H T M L A É C O M M E N B C E R C H N E
E É A E V M L H A I T E R O C H O A T R
T L V R R A D É P E N S E R I E I N R Ê
E É P H O B N G B I E V N N O R S E E C
R E R O D A C N E R E L T A V N E R R O
Ê D E M A V N D E R E S R F Y O I T F U
R T R C H A N T E R O R E A E R Y Ê A E
E N Ê R O R P R E D T I R R D I L E I R
T A F E R D A N S E R S D E N O N T R É
H A B I L E E R I M L I O I N I N F E C
G A G N E R A I M A E O R E E R E N A O
N T B O U R J B O N I H I N R F A I E L
T A Ê I D N O A T D J C O M M E N C E R
E G G M T E U L R E O E R T U R O A N E
L A M E L E E L I R E I M R C M E V E G
P G O A R M R É D U T R A E H E N O R N
H E N N E A G E E Ê T E N R O R F E C A
O R D D I N O U P L E I G E V J O R H M
E N E F L V A E R N I V L E R E Y I O I
R E R E B C P A N D É P E I A I N E T R
A R E A U O A P P A T E R R S M E I R E
R I N P O R T E R A R R E R N E T E R N
R E T T I U Q R R A R E S T E R R P R A
A E R D N E V A N E T I V P A E P R É H
N N S R O M O R G E R I R S O R T I R E
G A E O U D E R I F A I Q E I É M A M R
E G É M O M A O U R E R I U R F N G A R
R E G A R D E R P E R D R E E É N A N E
I V E T E R E R I L T R A V P R A V O R
T R A V A I L L E R L O A S E P E T R T
N A G E F E R M E A Q I T E O U A S U N
P E R R A R E Y A P O R T E N O T E R E
O T É L É P H O N E R E P O E R T Q U R
```

écouter ☐	entrer ☐	envoyer ☐	être ☐	faire ☐
fermer ☐	gagner ☐	habiter ☐	jouer ☐	lire ☐
manger ☐	nager ☐	oublier ☐	ouvrir ☐	parler ☐
payer ☐	perdre ☐	porter ☐	pratiquer ☐	préférer ☐
quitter ☐	ranger ☐	regarder ☐	rentrer ☐	rester ☐
sortir ☐	téléphoner ☐	travailler ☐	utiliser ☐	vendre ☐
venir ☐				

acheter ☐	aller ☐	boire ☐	choisir ☐	demander ☐
adorer ☐	avoir ☐	célébrer ☐	commencer ☐	dépenser ☐
aimer ☐	bavarder ☐	chanter ☐	danser ☐	donner ☐

© linguascope www.linguascope.com

Unit 4 · Les verbes à l'infinitif

2b. Highlight or underline all the French infinitives in the word snakes.

Reading Level 1

achetersuallernoregarderselquitterirperdresparlerechantersijouer

encommenceriohabiterteibavarderlomdemanderserfairesesortirier

3 Verb Sudoku: Complete the grid below in French. Every row, column and mini-grid must contain all six words. The six words are below:

Reading Level 1

aller · faire · jouer · lire · manger · regarder

	aller				
regarder	jouer		faire		
aller	lire				
				aller	regarder
		aller		lire	manger
				jouer	

4a. Complete the infinitives below with the correct letters.

Writing Level 1

a. a _ _ e r

b. p _ _ t _ r

c. n _ g _ r

d. v _ n _ r _

e. q _ i _ t _ r

f. t _ _ v _ i _ _ e _

g. c _ m _ e _ _ _ r

h. s _ _ t _ r

i. b _ v _ _ _ _ r

j. _ h _ i _ _ r

© linguascope

www.linguascope.com

Unit 4 • Les verbes à l'infinitif

4b. Write the following infinitives in French.

Writing Level 1

a. to buy _____
b. to have _____
c. to drink _____
d. to sing _____
e. to dance _____

f. to give _____
g. to listen _____
h. to do _____
i. to live _____
j. to watch _____

5a. Match the French and English words below by colouring them in the same colour.

Reading Level 1

les films	le foot	films	in the evenings	this evening
le soir	ce soir	les livres	l'espagnol	sweets
Spanish	my bedroom	les bonbons	la musique pop	ma chambre
pop music	books	judo	football	le judo

5b. Match the two halves of each sentence by colouring them in the same colour.

Reading Level 2

J'aime regarder	de la natation
Je voudrais aller	des livres
Je déteste jouer	la télé
J'aime lire	au rugby
J'adore parler	à Londres
Je n'aime pas ranger	de la musique pop
J'aime écouter	le français
J'adore faire	de la limonade
J'aime boire	une glace au chocolat
Je déteste visiter	ma chambre
J'adore manger	les musées

© linguascope   www.linguascope.com

Unit 4 · Les verbes à l'infinitif

5c. Translate the sentences below into English.

a. J'aime regarder les films. _____

b. Je voudrais aller à Paris. _____

c. Je déteste faire du judo. _____

d. Je n'aime pas nager. _____

e. Je voudrais sortir ce soir. _____

f. Je voudrais habiter en France. _____

g. J'adore danser tous les soirs. _____

h. Je déteste jouer au foot. _____

i. Je n'aime pas lire de livres. _____

j. J'adore parler l'espagnol. _____

k. Je voudrais acheter des bonbons. _____

l. J'aime écouter de la musique pop. _____

m. Je n'aime pas ranger ma chambre. _____

5d. Write the following in French.

a. I like to read magazines. _____

b. I love to watch the TV. _____

c. I don't like to tidy the kitchen. _____

d. I would like to play football. _____

e. I love to eat sweets. _____

f. I don't like to speak German. _____

g. I like to go to the cinema. _____

h. I love to drink coke. _____

i. I would like to live in Spain. _____

j. I prefer to do swimming. _____

Unit 4 • Les verbes à l'infinitif 39

6

6a. Read the speech bubbles. Note all the activities in English that they like doing.

Reading Level 3

Salut ! Je m'appelle Hélène. J'aime jouer au volley et regarder la télé. Je n'aime pas faire du ski.

Je suis Eve. J'aime bien faire de la danse et aller à la plage. Je n'aime pas jouer au golf.

Je m'appelle Benjamin. J'aime faire du judo et écouter de la musique. Je déteste jouer au rugby.

Name	Likes...
Hélène	
Eve	
Benjamin	

6b. Read the speech bubbles below and then complete the table below in English.

Reading Level 3

Salut ! Je m'appelle Christophe. J'aime jouer au rugby et faire du judo mais je déteste faire de la danse. C'est nul !

Salut ! Je m'appelle Alex. J'aime regarder la télé et des DVD, jouer à l'ordinateur et écouter de la musique, mais je déteste faire du sport ! C'est fatigant !

Bonjour ! Je m'appelle Sandrine. J'adore faire de la gymnastique et nager mais je n'aime pas aller à la pêche. C'est ennuyeux !

Name	Likes...	Doesn't like...	Reason?
Christophe			
Alex			
Sandrine			

© linguascope www.linguascope.com

6c. Write a few sentences in French to say what you like and don't like to do.

Writing Level 3

7a. Read the text and answer the questions in English.

Reading Level 4

> Salut ! Je m'appelle Marie et j'ai douze ans. Le samedi, j'aime aller en ville avec mes copains et nous aimons manger au MacDo. Après nous aimons faire du shopping ou aller au cinéma. Le dimanche matin, j'adore faire de l'équitation et l'après-midi j'aime regarder la télé mais je n'aime pas faire mes devoirs ! En été, j'aime aller au parc pour faire une pique-nique et j'adore aller à la plage. En hiver, je préfère rester à la maison parce qu'il fait froid !

a. How old is Marie?

b. What does Marie like doing on Saturday? Mention four details.

c. What does Marie like doing on Sunday mornings?

d. What does Marie not like doing on Sundays?

e. What does Marie like doing in the summer? Mention two details.

f. In which season does Marie prefer to stay at home and why?

7b. Write a paragraph in French mentioning the following points:
Your name • Your age • What you like and don't like doing on Saturdays and Sundays and why • What you like doing and don't like doing in summer and winter and why

Writing Level 4

Unit 4 • Les verbes à l'infinitif

8 8a. Read the text below and answer the questions in English.
Reading Level 4-5

Salut ! Je suis Jacques et j'ai treize ans. J'aime faire du sport. J'adore nager et jouer au tennis. Je fais de la natation tous les matins et j'aime jouer au tennis le dimanche avec mon frère. Cet été je vais aller au Canada dans un centre de vacances avec ma famille. Nous allons faire beaucoup d'activités. Nous allons faire de l'équitation, jouer au tennis et faire du tir à l'arc. Aussi nous allons aller à la plage pour nager dans la mer et jouer au volley. Je voudrais faire de la voile et mon père voudrait aller à la pêche. Mon frère qui s'appelle Adrien voudrait faire du ski nautique. Ma mère préfère rester à la plage et lire un livre.

a. How old is Jacques?

b. What two activities does Jacques say he loves doing?

c. What does Jacques do every morning?

d. On which day does Jacques play tennis?

e. Where is Jacques going this year? Give two details.

f. What is Jacques going to do? Mention five things.

g. What would Jacques like to do?

h. What would Jacques's father like to do?

i. What would Adrien like to do?

j. What does Jacques's mother like doing? Mention two things.

8b. Write a paragraph in French about what you like and love doing and what you are going to do this summer (cet été).
Writing Level 4-5

Unit 4 · Les verbes à l'infinitif

9 Revision crossword · Complete the crossword below in French:

Across

2. to use
4. to like
8. to wear
9. to swim
11. to chat
14. to prefer
15. to read
17. to close
18. to live
21. to practice
25. to do
28. to play
29. to tidy
30. to listen
32. to work
33. to buy
35. to open
36. to spend (money)
37. to love
38. to begin
41. to come
42. to dance
43. to lose

Down

1. to go
3. to send
5. to return
6. to pay
7. to sell
10. to go out
12. to have
13. to stay
16. to choose
19. to be
20. to eat
22. to leave
23. to win/to earn
24. to speak
26. to forget
27. to give
31. to sing
34. to watch
36. to ask for
38. to celebrate
39. to enter
40. to telephone

Cover Lesson Worksheets
Year 7 Unit 5

Halloween

Nom : _____ Classe : _____

1 Draw a Halloween scene below and label it all in French. Use the vocabulary on the inside front cover and/or a dictionary to help you.

Writing Level 1

© linguascope   www.linguascope.com

Unit 5 · Halloween

Vocabulaire

une araignée	• a spider
l'automne	• autumn
une baguette magique	• a magic wand
un balai	• a broom
des bonbons	• some sweets
un cercueil	• a coffin
un chat noir	• a male black cat
une chatte noire	• a female black cat
un chaudron/une marmite	• a cauldron
une chauve-souris	• a bat
un cimetière	• a cemetery
un citrouille	• a pumpkin
un crâne	• a skull
un crapaud	• a toad
un déguisement	• a disguise/fancy dress costume
un démon	• a demon
un diable	• a devil
Dracula	• Dracula
un fantôme	• a ghost

un géant	• a giant
un hibou	• an owl
un loup-garou	• a werewolf
une maison hantée	• a haunted house
un masque	• a mask
minuit	• midnight
un monstre	• a monster
une momie	• a mummy
un mort vivant	• a zombie
une mouche	• a fly
un ogre	• an ogre
un œil	• an eye
un rat	• a rat
du sang	• blood
une sorcière	• a witch
un sort	• a spell
un squelette	• a skeleton
une toile d'araignée	• a spider's web
treize	• thirteen
le trente et un octobre	• the 31st October
un vampire	• a vampire

2 Unscramble the letters below to spell five French Halloween creatures.

Writing Level 1

a. nue sreocèir _____

b. neu emoim _____

c. nu luop arguo _____

d. nu mrot viatnv _____

e. nu ntfemaô _____

Unit 5 · Halloween

3 Complete the word search below. Find the words in French.

Reading Level 1

- araignée
- balai
- bonbons
- cercueil
- chat noir
- chatte noire
- chaudron
- chauve-souris
- cimetière
- citrouille
- crâne
- crapaud
- déguisement
- démon
- diable
- Dracula
- fantôme
- loup-garou
- maison hantée
- marmite
- masque
- monstre
- momie
- mort vivant
- mouche
- rat
- sang
- sorcière
- squelette
- toile (d'araignée)
- vampire

```
B O N B O N S C C H E R E U I L C H S T
L A N O I L T R I O N U I L L E C R É A
A C L C H A O B A T Â N I O L M B O N H
S R C A U M A U I S R M A I S Ô N H A T
A A A C I D R L P É C O Â C H T D É G C
L U L I G A E R O G L O U D E N E D U H
U P I M G D E A N L A U P I U A B I I A
C A F E N N E R I O E R C H L F L S A U
A U A T S L É C S O R V O A D L S A M V
R D H I O S O E G R A N E U M D E N E E
D C O È U R T R E F A N T O E E R T S S
R H M R R S A C H A T N O I R A É R T O
E A E E T R E U A L Â T O N I D T D O U
A C U L A E R E S A Q E R M O G T S E R
C R A M A R M I T E S P I D N E R H R I
Â P D O I L T L A R A I N G E L V A T S
L A D É G U I S E M E N T É T A I L A N
E E I M M D E A M O N S A L T N V E S A
É D A A L O D G E G U I C H A U D R O N
T U B O O M N D I B L A E M H R T V I E
N S L M P I B O N M D E B O C N E S M R
A D E M M A S Q U E H A N T E R D É O O
H R M Y O S C H A E R N O R I C R A S M
N A A E N O E A U V E S O P U I Â R T L
O D R M S N R R A R A I M T O M L I E A
S E M O T H C Â A S Q A E R U E T S R H
I C I M R A U I G N V G R O E T V I E A
A U E A E I M O M A S A E R S E R É T U
M L T A E N I M O R T V I V A N T V T A
R A Y E R H S L U E R T P H N T A I E T
E H E R T T S E C A N T O M G F L A L E
L A D R A É A U H L A A S E D F E N E L
I L W E E N S O E S A Q U S E W M A U E
O L S O R C I È R E B A L I A E E R Q W
T O E É N G I A R A V D E L I O T S S Q
```

© linguascope   www.linguascope.com

Unit 5 · Halloween

4 Match the following French and English words by colouring them in the same colour.

Reading Level 1

une momie	une sorcière	haunted house	a skeleton	un crâne
un monstre	une mouche	a vampire	blood	un cercueil
un ogre	une baguette magique	an ogre	a fly	a witch
a ghost	un géant	un démon	un sort	le trente et un octobre
magic wand	un diable	un vampire	owl	sang
un hibou	une maison hantée	un fantôme	un loup-garou	a devil
un squelette	a coffin	a mask	a mummy	the thirty-first of October
a werewolf	a monster	a zombie	a demon	a spell
une citrouille	some sweets	un cimetière	a toad	a female black cat
un crapaud	a broom	une chatte noire	a male black cat	a pumpkin
un chat noir	une chauve-souris	un déguisement	midnight	a spider's web
un mort vivant	des bonbons	Transylvania	un balai	autumn
black	a bat	a costume	treize	un masque
la Transylvanie	thirteen	a spider	noir	un œil
l'automne	une araignée	a skull	a cauldron	a giant
cemetery	un chaudron	an eye	minuit	une toile d'araignée

Unit 5 · Halloween 47

5 Label the pictures below in French.

Writing Level 1

6 Label the witch's and her black cat's body parts in French. All the words you need are in the box below.

Writing Level 1

les cheveux noirs
un chapeau noir
une oreille
un grand nez
une dent
un œil noir

les yeux verts
les oreilles noires
la tête noire
la queue noire
le nez blanc
les pattes noires

© linguascope   www.linguascope.com

7. Put a tick in the box of the correct sentences and a cross in the box of the false sentences below.

Reading Level 2

a. La date d'Halloween est le 31 octobre. ☐

b. L'animal favori des sorcières est le chien. ☐

c. Les couleurs d'Halloween sont le noir et l'orange. ☐

d. Harry Potter a un hibou. ☐

e. Les fantômes habitent dans des maisons hantées. ☐

f. The French word for "a monster" is "un géant". ☐

g. Les sorcières voyagent en bateau. ☐

h. On fête Halloween en été. ☐

i. Dracula vient de la Transylvanie. ☐

j. À Halloween on donne aux enfants des devoirs. ☐

k. The French word for "a spider" is "une araignée". ☐

l. Les sorcières jettent des sorts. ☐

m. "Une marmite" is a meaty spread you put on toast. ☐

n. The French word for "a skeleton" is "un loup-garou". ☐

o. "Une baguette magique" is a magic bread. ☐

p. Les vampires aiment boire du vin. ☐

q. "J'ai peur des fantômes" means "I'm afraid of ghosts". ☐

r. Pour faire une lanterne on utilise une orange. ☐

s. À Halloween les enfants sortent le soir. ☐

7b. Write out the false sentences from exercise 7a so they are correct. The first one has been done for you.

Writing Level 2

1. L'animal favori des sorcières est le chat.
2.
3.
4.
5.
6.
7.
8.
9.
10.

Unit 5 · Halloween

8
Read the description of the monster below and then draw and colour it correctly in the box.

Reading Level 3

Il a une grande tête verte avec des yeux noirs et un grand nez. Aussi il a de grandes dents jaunes. Il est grand et il a une queue marron. Aussi il a des griffes. Il a les cheveux longs et noirs et de petites oreilles vert foncé.

des griffes · claws

9
Read the story below.

Reading Level 3

Marmite est une [cat]. Elle habite dans une [house] avec une [witch]. La sorcière a une [wand] et un [broom]. Dans la maison il y a un [ghost] qui dit « BOUH ! » Aussi il y a une [bat] et une [pumpkin].

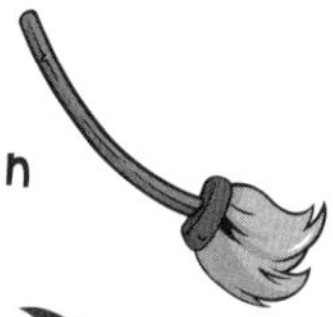

10
10a. Copy the story in exercise 9 into the space provided below but replace the pictures with the correct French words.

Writing Level 3

_____
_____
_____
_____
_____
_____

10b. Write your own short Halloween story in French. Use exercise 10a to help you.

Writing Level 3-4

---

11 Read the text below and answer the questions in English.

Reading Level 4

Bonjour ! Je m'appelle Dorothée et je suis sorcière. J'ai quarante ans. J'habite dans une grande maison hantée à la campagne en France. Dans ma maison il y a beaucoup de fantômes et une famille de chauve-souris habite dans la cave. J'ai un petit jardin avec un étang. Dans l'étang il y a beaucoup de crapauds et dans le vieil arbre habite un hibou très sage. J'ai une chatte noire qui s'appelle Mouche et un rat gris qui s'appelle Bernard. Le trente et un octobre est mon jour favori. Le soir d'Halloween j'aime aller au cimetière avec ma chatte. J'aime jeter des sorts avec ma baguette magique et faire des potions dans mon chaudron. Je rencontre mes amis au cimetière, un loup-garou qui s'appelle Fang et un mort vivant qui s'appelle François. Nous aimons bavarder et boire du sang.

a. What is Dorothée?

b. How old is Dorothée?

c. Where does Dorothée live?

d. Who lives in the cellar?

Unit 5 · Halloween

e. What is Dorothée's garden like?
_____

f. What are in the pond?
_____

g. What lives in the tree?
_____

h. What pets does Dorothée have?
_____

i. When is Dorothée's favourite day?
_____

j. Describe what Dorothée likes to do during the evening of Halloween.
_____
_____
_____

12 Imagine you are a Halloween character. Write in French a piece that covers the following bullet points:

Writing Level 4

- Introduce yourself · Say how old you are · Say where you live
- Say who you live with · Say what you like doing at Halloween.

Use the text in exercise 11a to help you.

_____
_____
_____
_____
_____
_____
_____
_____
_____

© linguascope   www.linguascope.com

13 Revision crossword

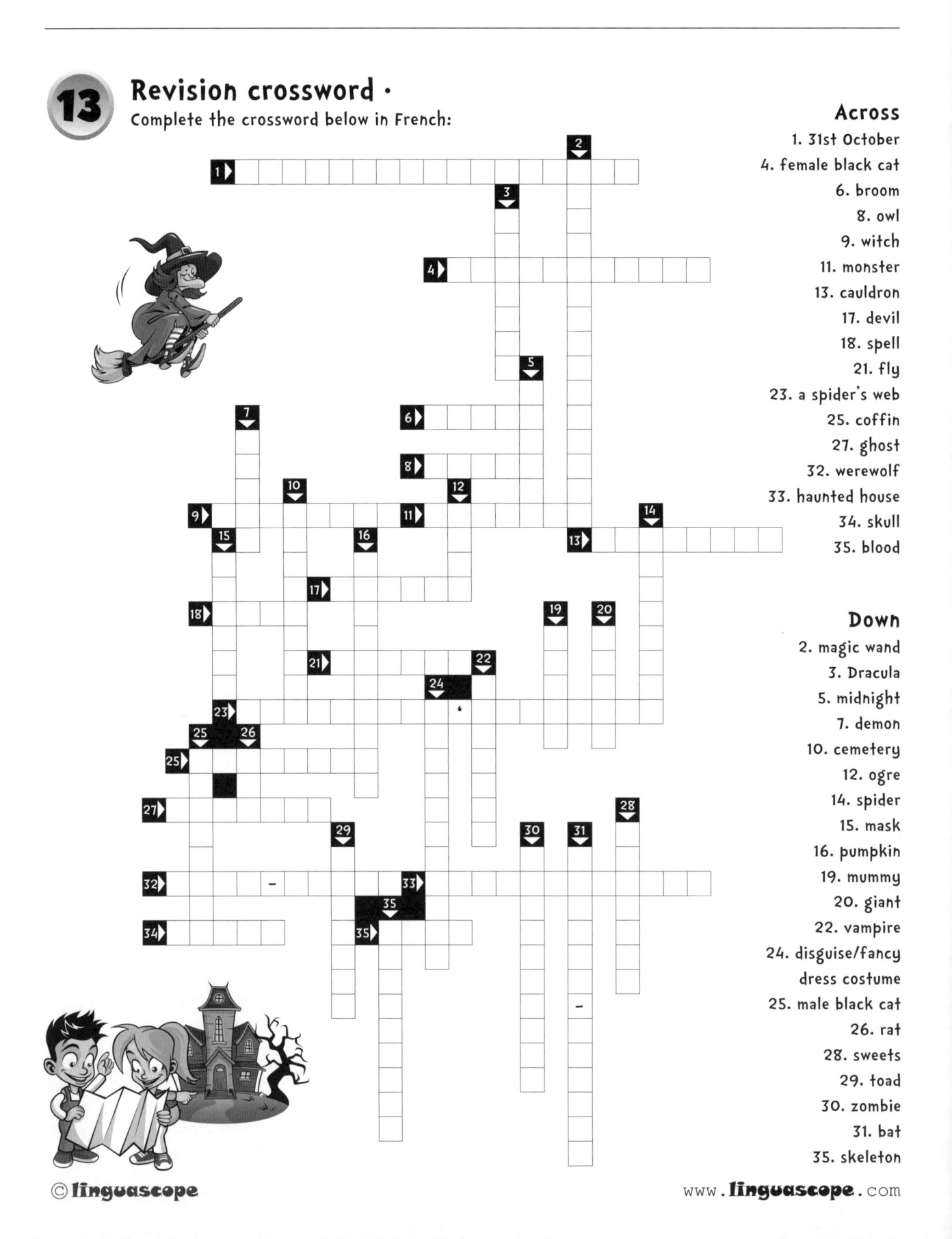

Complete the crossword below in French:

Across
1. 31st October
4. female black cat
6. broom
8. owl
9. witch
11. monster
13. cauldron
17. devil
18. spell
21. fly
23. a spider's web
25. coffin
27. ghost
32. werewolf
33. haunted house
34. skull
35. blood

Down
2. magic wand
3. Dracula
5. midnight
7. demon
10. cemetery
12. ogre
14. spider
15. mask
16. pumpkin
19. mummy
20. giant
22. vampire
24. disguise/fancy dress costume
25. male black cat
26. rat
28. sweets
29. toad
30. zombie
31. bat
35. skeleton

Le présent

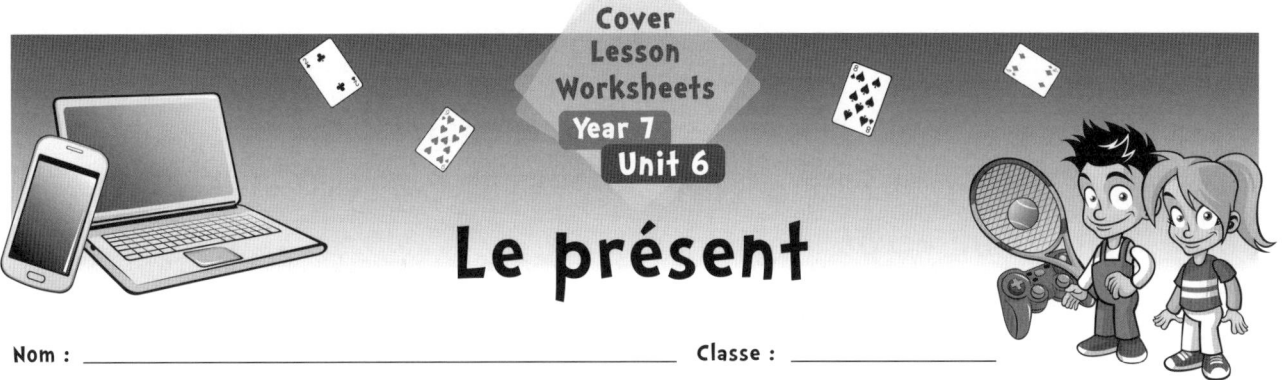

Cover Lesson Worksheets Year 7 Unit 6

Nom : _____   Classe : _____

1 Read the sentences below and draw a picture to illustrate each one.

Reading Level 2

- Je joue au tennis.
- Je regarde la télé.
- Je mange un hamburger.
- J'habite dans une maison.
- J'écoute de la musique.
- Je vais au collège.
- J'ai deux chats.
- Je suis grand.
- Je fais de la natation.

© linguascope   www.linguascope.com

Vocabulaire

Some -er regular verbs (infinitives)

aimer	· to like
danser	· to dance
détester	· to hate
écouter	· to listen
habiter	· to live
jouer	· to play
manger	· to eat
ranger	· to tidy
regarder	· to watch
travailler	· to work
visiter	· to visit

Grammaire

THE PRESENT TENSE · Regular -er verbs

The most common French verbs end in **-er** in the infinitive. To form the present tense, you have to take off the **-er** and add the present tense endings. Look at the example below:

jouer · **to play**
Je joue · I play
Tu joues · You play
Il joue · He plays
Elle joue · She plays
On joue · We play
Nous jou**ons** · We play
Vous jouez · You play
Ils jou**ent** · They play
Elles jouent · They play (girls)

Grammaire

THE PRESENT TENSE · Irregular verbs

Irregular verbs follow their own pattern.

aller · **to go**
Je vais · I go
Tu vas · You go
Il/Elle va · He/She goes
On va · We go
Nous allons · We go
Vous allez · You go
Ils/Elles vont · They go

avoir · **to have**
J'ai · I have
Tu as · You have
Il/Elle a · He/She has
On a · We have
Nous avons · We have
Vous avez · You have
Ils/Elles ont · They have

être · **to be**
Je suis · I am
Tu es · You are
Il/Elle est · He/She is
On est · We are
Nous sommes · We are
Vous êtes · You are
Ils/Elles sont · They are

faire · **to do/to make**
Je fais · I do/make
Tu fais · You do/make
Il/Elle fait · He/She does/makes
On fait · We do/make
Nous faisons · We do/make
Vous faites · You do/make
Ils/Elles font · They do/make

Unit 6 · Le présent

2

2a. Find the words in the grid in French.

Reading Level 1

```
J O E R A I M E R T R E H A I T E R
I V A V I V R A R E T S E T É D H A
S I V R E G O N G E R T R A E R É T
T S R E A S G I T R A V A I L L E R
E I D É T R D A R N S E R F T R A J
É T M A N E G E E R R E G A R E V U
C E É T S F T E S E R H D É S E T O
R R N C H R Ê T N R J O A N I D E E
E E E T O G A R A D E R R B E R R J
D C R R A U N A D R A G E R I E O O
R T F Ê T R T N G E R M A N H T U U
A E A T B I A E N E R E T Ê A M E E
G É D M A E R G R R B O I S B A E R
E O E D E R D A A T A R E J O N R E
R T S A E R T E R Ê G E R E G N A M
É C O U E R T E R A N G E R A N E R
```

- aimer ☐
- avoir ☐
- danser ☐
- détester ☐
- écouter ☐
- être ☐
- habiter ☐
- jouer ☐
- manger ☐
- ranger ☐
- regarder ☐
- travailler ☐
- visiter ☐

2b. Match the French and English words by colouring them in the same colour.

Reading Level 1

Je suis	I have	Je joue	I am	I like	I dance
I live	Je mange	J'habite	J'écoute	J'ai	Je regarde
I play	Je range	J'aime	I work	Je visite	I watch
Je danse	I tidy	Je travaille	I visit	I listen	I eat

3

Translate the sentences below into English:

Reading Level 2

a. **Je joue au tennis.** _____

b. **J'écoute de la musique pop.** _____

c. **J'aime les chats.** _____

d. **Je regarde la télé.** _____

e. **Je range ma chambre.** _____

© linguascope

www.linguascope.com

Unit 6 · Le présent

4 Complete each sentence with the correct form of **jouer** and then translate the sentences into English in the spaces provided.

Reading Level 2   Writing Level 1

1. Tu _____ au foot tous les jours. _____

2. Il _____ au tennis avec son frère. _____

3. Je _____ au volley à la plage. _____

4. Ils _____ du piano dans le salon. _____

5. Nous _____ au hockey au collège. _____

6. Elles _____ sur l'ordinateur. _____

7. On _____ de la guitare tous les soirs. _____

8. Vous _____ sur votre console de jeu. _____

5 Write a few sentences about the things you and members of your family play.

Writing Level 2-3

_____

_____

_____

_____

6 Complete the sentences below with the correct verb form in the present tense. The infinitive of the verb you need is at the end of each sentence in brackets to help you.

Reading Level 2   Writing Level 1

a. Il _____ dans le jardin avec son père. (travailler)

b. Tu _____ au rugby au collège. (jouer)

c. Je _____ mes grands-parents souvent. (visiter)

d. Nous _____ la télé tous les soirs. (regarder)

e. Elle _____ de la musique dans sa chambre. (écouter)

f. Ils _____ à Londres en Angleterre. (habiter)

g. On _____ l'histoire. C'est super ! (aimer)

h. Vous _____ la géographie. C'est nul ! (détester)

i. Elles _____ tous les samedis. (danser)

© linguascope   www.linguascope.com

Unit 6 • Le présent

7

7a. Complete each sentence with the correct part of "avoir".

a. J'_____ un chien noir et un chat gris.
b. Il_____ une sœur qui s'appelle Natalie.
c. Nous_____ une grande maison à la campagne.
d. Tu_____ un frère qui s'appelle Pierre.
e. J'_____ les cheveux blonds et longs.
f. Vous_____ vingt-deux ans.
g. Elles_____ les yeux bleus.
h. On_____ dix euros.
i. Ils_____ une chambre bleue.
j. Elle_____ une trousse rose.

avoir	• to have				
J'ai	• I have	Elle a	• She has	Vous avez	• You have
Tu as	• You have	On a	• We have	Ils ont	• They have
Il a	• He has	Nous avons	• We have	Elles ont	• They have (girls)

7b. Translate the sentences from the above exercise into English.

a. _____
b. _____
c. _____
d. _____
e. _____
f. _____
g. _____
h. _____
i. _____
j. _____

8

8a. Complete each sentence with the correct part of "être".

a. Tu _____ grand.
b. Il _____ timide.
c. Je _____ marrant.
d. Nous _____ petits.
e. Vous _____ intelligents. 
f. On _____ sympa.
g. Elles _____ paresseuses.
h. Ils _____ sportifs.
i. Elle _____ active.
j. Je _____ bavard.

être	• to be				
Je suis	• I am	Elle est	• She is	Vous êtes	• You are
Tu es	• You are	On est	• We are	Ils sont	• They are
Il est	• He is	Nous sommes	• We are	Elles sont	• They are (girls)

© linguascope   www.linguascope.com

8b. Translate the sentences from the previous exercise into English.

a. _____ f. _____

b. _____ g. _____

c. _____ h. _____

d. _____ i. _____

e. _____ j. _____

How to make a sentence negative.

To make a sentence negative in French, you have to sandwich the verb between **ne** and **pas**:

| Je joue au foot | • I play football | Tu danses | • You dance |
| Je **ne** joue **pas** au foot | • I **don't** play football | Tu **ne** danses **pas** | • You **don't** dance |

9a. Translate the sentences below into English.

a. **Je ne danse pas.** _____

b. **Je n'aime pas l'histoire.** _____

c. **Je ne joue pas au golf.** _____

d. **Je n'écoute pas de musique.** _____

e. **Je ne fais pas de natation.** _____

f. **Il ne travaille pas.** _____

g. **Tu ne ranges pas ta chambre.** _____

h. **Elles ne regardent pas de films.** _____

i. **Nous ne visitons pas de musées.** _____

j. **Vous ne jouez pas sur l'ordinateur.** _____

k. **On ne mange pas de viande.** _____

l. **Ils n'aiment pas la géographie.** _____

Unit 6 · Le présent

9b. Write a few sentences about what you **don't** do.

Writing Level 2-3

___

10

10a. Read the speech bubble and answer the questions in English.

Reading Level 3

> Bonjour ! Je m'appelle Rachel. J'habite à Marseille en France. J'ai trois frères et une petite sœur. Aussi j'ai un chien noir qui s'appelle Coca. J'aime la gymnastique et le samedi je fais de la danse. Je déteste la natation. C'est nul !

a. Where does Rachel live?

b. How many brothers and sisters does Rachel have?

c. What pet does Rachel have? What colour is it?

d. What does Rachel like doing? Mention two things.

e. What does Rachel hate and why?

10b. Write a small paragraph in French...

Writing Level 3

Introduce yourself, say how many brothers and sisters you have, say what pets you have, say what you like and don't like and say what you do on Saturdays.
Use the speech bubble above to help you.

© linguascope

www.linguascope.com

11 Read the speech bubbles and answer the questions by writing the correct name each time.

Reading Level 3-4

Clarisse: Salut ! Je m'appelle Clarisse et j'ai douze ans. J'habite à Lyon en France. Le samedi, je fais de la danse et puis je vais en ville avec mes copains. Le dimanche, je fais mes devoirs et je regarde la télé.

Mathieu: Bonjour ! Je m'appelle Mathieu et j'ai treize ans. J'habite à Québec au Canada. Le samedi je joue au foot. Après, je vais au cinéma ou je fais du bowling avec mon meilleur ami. Le dimanche, je joue au tennis ou je fais de la natation.

Lisa: Salut ! Je m'appelle Lisa et j'ai onze ans. J'habite à Lausanne en Suisse. Le samedi, je fais du shopping ou je fais du ski. Le dimanche, j'écoute de la musique ou je joue sur l'ordinateur.

a. Who lives in Switzerland?

b. Who is thirteen years old?

c. Who goes to town on Saturday?

d. Who lives in Canada?

e. Who does their homework on Sunday?

f. Who does an activity with their best friend?

g. Who plays on their computer on Sundays?

h. Who likes skiing?

i. Who likes dancing?

j. Who lives in France?

12 12a. Read the speech bubble below and then answer the questions in English.

Reading Level 4

Salut ! Je m'appelle Antoine. J'ai douze ans. J'habite à Lyon en France dans une petite maison avec mes parents, mon petit frère et mon chat. J'ai les cheveux blonds et courts et les yeux bleus. Mon frère a les cheveux blonds et courts aussi mais il a les yeux verts. J'aime le foot et le tennis. Je n'aime pas le golf. C'est barbant ! Après le collège, je fais du sport, je regarde la télé ou j'écoute de la musique. Le dimanche matin, je range ma chambre et l'après-midi je travaille dans le jardin avec mon père.

© linguascope   www.linguascope.com

Unit 6 · Le présent

a. How old is Antoine?

b. Where does Antoine live exactly?

c. Who does Antoine live with?

d. Describe what Antoine looks like.

e. Describe Antoine's brother.

f. What does Antoine like doing?

g. What does Antoine not like doing and why?

h. What does Antoine do after school?

i. What does Antoine do on a Sunday morning?

j. What does Antoine do on a Sunday afternoon?

12b. Write in the speech bubble below in French about you and your family, what you like and don't like doing, what you do after school and what you do at the weekend.

Writing Level 4

12 Revision crossword

Complete the crossword below in French:

Across

1. She has
3. He goes
6. We are
9. To have
11. To live
13. We live
14. They visit (girls)
17. I play
22. We go
23. She goes
27. She does/makes
28. He listens
31. She is
34. We do/make
35. He has
37. You go (singular/informal)
39. To hate
41. I do/make
44. You are (singular/informal)
46. They are (boys)
48. We go
49. To visit
51. They have (girls)
53. To like

Down

1. She works
2. We watch
4. You dance (singular/informal)
5. You have (group/polite)
7. To tidy
8. You do/make (group/polite)
10. They do/make (girls)
12. He is
15. We have
16. To play
18. To go
19. To do/make
20. We are
21. You have (singular/informal)
24. They watch (boys)
25. They are (girls)
26. To be
28. They go (boys)
29. He does/makes
30. To eat
32. We have
33. You do/make (singular/informal)
35. They do/make (boys)
36. I am
38. You eat (polite/group)
40. We do/make
42. To watch
43. You play (group/polite)
45. To listen
47. To work
50. They have (boys)
52. To dance

Chez nous

Cover Lesson Worksheets — Year 7 — Unit 7

Nom : _____   Classe : _____

1. Draw the house of your dreams and any furniture/household items you can below and label everything in French. Use the vocabulary on the inside front cover and/or a dictionary to help you.

Writing Level 1

© linguascope   www.linguascope.com

Vocabulaire

au grenier	• in the attic
l'appartement	• apartment/flat
au deuxième étage	• on the second floor
au premier étage	• on the first floor
au rez-de-chaussée	• on the ground floor
au sous-sol	• in the basement
chez nous	• at our house/home
dans	• in
des CD	• some CDs
des lits superposés	• some bunk beds
des posters	• some posters
il y a	• there is/are
il n'y a pas de	• there isn't/aren't
le balcon	• balcony
le bureau	• office
la cave	• cellar
la chambre de ma sœur	• my sister's bedroom
la chambre de mes parents	• my parents' bedroom
la chambre de mon frère	• my brother's bedroom
ma chambre	• my bedroom
la cuisine	• kitchen
le salon	• lounge
la douche	• shower
l'entrée	• hallway
l'escalier	• staircase
le garage	• garage
le jardin	• garden
les murs	• walls
la porte	• door
la salle à manger	• dining room
la salle de bains	• bathroom
la salle de jeux	• games room
les toilettes	• toilet
ma maison	• my house
par terre	• on the floor
une armoire	• wardrobe
une chaise	• chair
une commode	• a chest of drawers
une étagère	• a bookshelf
une fenêtre	• a window
un grand lit	• a double bed
un iPod	• an iPod
une lampe	• a lamp
une maison	• a house
une plante	• a plant
un ordinateur	• a computer
sous	• under
sur	• on
une table	• a table
un tiroir	• a drawer

Unit 7 · Chez nous 65

2. Match the French and English words by colouring them in the same colour.

Reading Level 1

le jardin	le garage	garden	la salle de bains
garage	une maison	bathroom	le bureau
au deuxième étage	in the attic	la cuisine	my brother's bedroom
in the basement	ma maison	toilet	ma chambre
la chambre de mes parents	l'escalier	au rez-de-chaussée	hall(way)
on the ground floor	at our home/house	games room	office
my parents' bedroom	the staircase	dining room	au premier étage
la douche	la chambre de mon frère	le salon	kitchen
my sister's bedroom	la cave	cellar	la salle à manger
on the first floor	lounge	chez nous	a house
au grenier	le balcon	l'entrée	my bedroom
my house	shower	les toilettes	la salle de jeux
la chambre de ma sœur	au sous-sol	on the second floor	balcony

3. Label the following pictures with the words from the box.

Writing Level 1

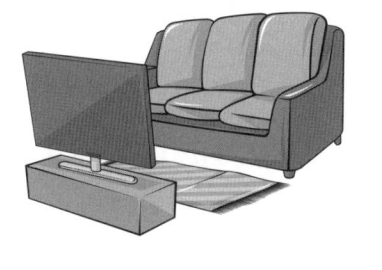

le salon
la chambre
la douche

4 Find the words in the grid in French.

Reading Level 1

```
A A W S C E N I S I U C C R S
J P C S A L L A D E N H A E A
A D P C H A M B R E R A M S L
R O F A R I B F C F U M S A L
D U R V R P U J U R C B A L E
I D E E E T R A I T L R L R D
N E C G D L E N T R É E L E E
A S E G A T A M S E S D E G B
M A I S O N U D E R A E D N A
A S M A S D M R S N L M E A I
S A L L E N O I E S T O J M N
R A B I O T E U A A O N E À S
E D L A S R G F C E N F U E M
A E R O E D A R E H B R X L I
R R F L N A R E G L E È L L O
G S A E R S A X B L C R R A A
R E I N E R G E I O S E A S S
```

appartement ☐
bureau ☐
cave ☐
chambre ☐
chambre de mon frère ☐
cuisine ☐
douche ☐
entrée ☐
garage ☐
grenier ☐
jardin ☐
maison ☐
salle à manger ☐
salon ☐   salle de bains ☐
wc ☐   salle de jeux ☐

5 Circle the odd word out and write in English why it is the odd one!

Reading Level 1

Example: chaumière /(cuisine)/ maison / appartement   It's a room, not a building.

1. ma chambre / le salon / la salle de jeux / une plante
_____

2. jardin / fleur / plante / la salle de bains
_____

3. table / maison / chaise / armoire
_____

4. au rez-de-chaussée / au premier étage / la cuisine / au sous-sol
_____

5. murs / armoire / commode / lit
_____

6. dans / sur / un tiroir / sous
_____

Unit 7 · Chez nous

6

Write the correct sentence in French under each picture to say what there is in your bedroom. The first one has been done for you.

Writing Level 2

Dans ma chambre il y a ... · In my bedroom there is...

une armoire · un grand lit · une table · une commode · des posters · une étagère · une chaise · une lampe · un ordinateur

Dans ma chambre il y a un grand lit.

7a. Read about Christophe and answer the questions in English.

> Salut ! Je m'appelle Christophe. J'habite une grande maison en ville. Au rez-de-chaussée, il y a la cuisine, le salon, la salle à manger et le bureau de mon père. Au premier étage, il y a la salle de bains, la salle de jeux et trois chambres. Il n'y a pas de douche.
> Au sous-sol, il y a le garage et la cave.

1. Where does Christophe live?

2. What rooms are there on the ground floor?

3. What rooms are there on the first floor?

4. What is there in the basement?

7b. Fill in the speech bubble below about your home in French.

Unit 7 · Chez nous

8

8a. Match the French and English bedroom items by writing the correct letter in each box. The first one has been done for you!

Reading Level 1

en français		in English
1. une armoire	c	a. some bunk beds
2. une commode		b. some CDs
3. une table		c. a wardrobe
4. une chaise		d. a window
5. des posters		e. a plant
6. une lampe		f. a table
7. un iPod		g. a computer
8. un tiroir		h. walls
9. des CD		i. a chest of drawers
10. un ordinateur		j. a bookshelf
11. une étagère		k. a lamp
12. une plante		l. door
13. une fenêtre		m. a chair
14. des lits superposés		n. a drawer
15. les murs		o. some posters
16. la porte		p. an iPod

8b. Label the following pictures in French.

Writing Level 1

© linguascope   www.linguascope.com

Unit 7 · Chez nous

9a. Draw and colour the following pictures in the boxes provided.

Reading Level 2

où ?	• where?
sous	• under
sur	• on
par terre	• on the floor
dans	• in

1. La lampe bleue est sur la table grise.

2. Le chat marron est sur le lit jaune.

3. Le chien noir est sous la chaise orange.

4. Mon pull vert est par terre.

5. Mes chaussettes rouges sont dans le tiroir.

6. Mon lapin blanc est dans le jardin.

9b. Write two sentences in French using "sur", "sous", "dans" or "par terre" and draw and colour the pictures according to your description.

Writing Level 2

_____ _____

Unit 7 · Chez nous

10

10a. Read the speech bubble below and answer the questions in English.

Reading Level 3

> Dans ma chambre, j'ai un grand lit, une armoire noire et une commode brune. J'ai des posters sur les murs et une plante sur la table. Il y a mes chaussettes sous le lit. Par terre, il y a mon iPod.

1. What type of bed is in the bedroom?

2. What colour is the wardrobe?

3. What colour is the chest of drawers?

4. What are on the walls?

5. What is on the table?

6. Where are the socks?

7. What is on the floor?

10b. Write in the speech bubble below about your bedroom in French.

Writing Level 3-4

Revision crossword

Complete the crossword below in French:

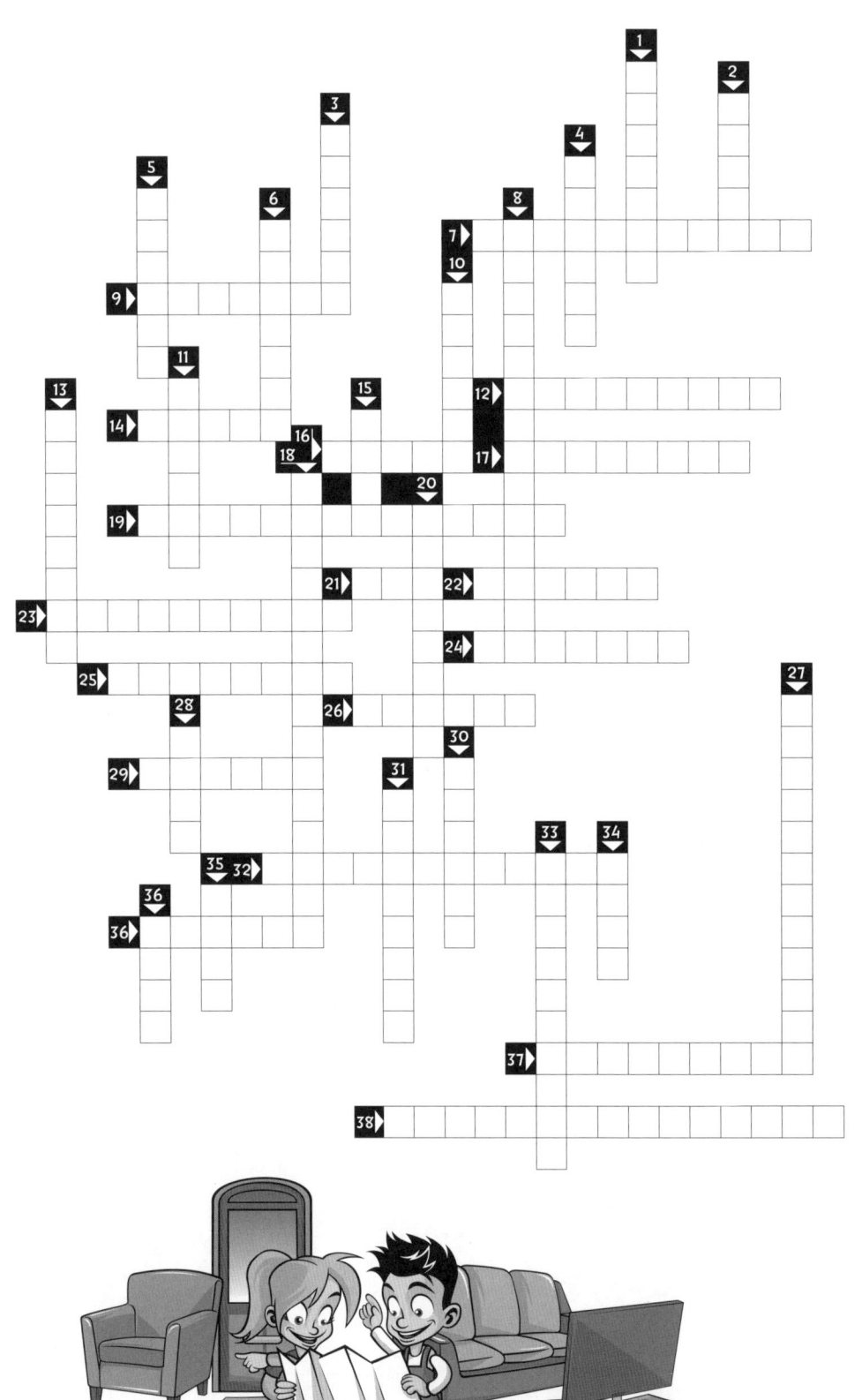

Across
7. games room
9. wardrobe
12. my bedroom
14. table
16. lamp
17. staircase
19. bunk beds
21. on
22. house
23. computer
24. window
25. double bed
26. drawer
29. plant
32. bathroom
36. shower
37. in the attic
38. on the ground floor

Down
1. chest of drawers
2. door
3. chair
4. balcony
5. garage
6. kitchen
8. on the first floor
10. hallway
11. garden
13. my house
15. cellar
18. on the second floor
20. on the floor
27. dining room
28. there is/are
30. office
31. at our house/home
33. there isn't/aren't any
34. under
35. walls
36. in

Les nombres de 1 à 60 et l'heure

Nom : _____ Classe : _____

1 Do the operations and colour each box in the correct colour.

Writing Level 1

a. six + quatre = _____
b. dix + quinze = _____
c. quinze + quinze = _____
d. quinze + vingt = _____
e. trente + trente = _____
f. cinquante - dix = _____

g. dix + quarante = _____
h. cinquante - cinq = _____
i. cinq + quinze = _____
j. dix + cinq = _____
k. trente + vingt - cinq = _____
l. sept + trente - deux = _____

dix · rouge	vingt · blanc	trente · rose
quarante · violet	cinquante · orange	soixante · gris
quinze · bleu	vingt-cinq · noir	trente-cinq · vert
quarante-cinq · jaune	cinquante-cinq · marron	

Vocabulaire
Quelle heure est-il ? / What time is it?

à	· at
Il est...	· It's...
une heure	· one o'clock
deux heures	· two o'clock
deux heures **et quart**	· **quarter past** two
deux heures **et demie**	· **half past** two
trois heures **moins le quart**	· **quarter to** three
deux heures **cinq**	· **five past** two
deux heures **dix**	· **ten past** two
deux heures **vingt**	· **twenty past** two

deux heures **vingt-cinq**	· **twenty-five** past two
trois heures **moins cinq**	· **five to** three
trois heures **moins dix**	· **ten to** three
trois heures **moins vingt**	· **twenty to** three
midi	· midday
minuit	· midnight

© linguascope www.linguascope.com

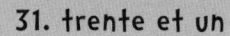

Unit 8 • Les nombres de 1 à 60 et l'heure

1. un	one	31. trente et un	thirty-one
2. deux	two	32. trente-deux	thirty-two
3. trois	three	33. trente-trois	thirty-three
4. quatre	four	34. trente-quatre	thirty-four
5. cinq	five	35. trente-cinq	thirty-five
6. six	six	36. trente-six	thirty-six
7. sept	seven	37. trente-sept	thirty-seven
8. huit	eight	38. trente-huit	thirty-eight
9. neuf	nine	39. trente-neuf	thirty-nine
10. dix	ten	40. quarante	forty
11. onze	eleven	41. quarante et un	forty-one
12. douze	twelve	42. quarante-deux	forty-two
13. treize	thirteen	43. quarante-trois	forty-three
14. quatorze	fourteen	44. quarante-quatre	forty-four
15. quinze	fifteen	45. quarante-cinq	forty-five
16. seize	sixteen	46. quarante-six	forty-six
17. dix-sept	seventeen	47. quarante-sept	forty-seven
18. dix-huit	eighteen	48. quarante-huit	forty-eight
19. dix-neuf	nineteen	49. quarante-neuf	forty-nine
20. vingt	twenty	50. cinquante	fifty
21. vingt et un	twenty-one	51. cinquante et un	fifty-one
22. vingt-deux	twenty two	52. cinquante-deux	fifty-two
23. vingt-trois	twenty-three	53. cinquante-trois	fifty-three
24. vingt-quatre	twenty-four	54. cinquante-quatre	fifty-four
25. vingt-cinq	twenty-five	55. cinquante-cinq	fifty-five
26. vingt-six	twenty-six	56. cinquante-six	fifty-six
27. vingt-sept	twenty-seven	57. cinquante-sept	fifty-seven
28. vingt-huit	twenty-eight	58. cinquante-huit	fifty-eight
29. vingt-neuf	twenty-nine	59. cinquante-neuf	fifty-nine
30. trente	thirty	60. soixante	sixty

La routine / Routine

Je me lève	I get up
Je quitte	I leave
J'arrive	I arrive
Les cours commencent	lessons begin
Je rentre à la maison	I return home

© linguascope www.linguascope.com

Unit 8 · Les nombres de 1 à 60 et l'heure

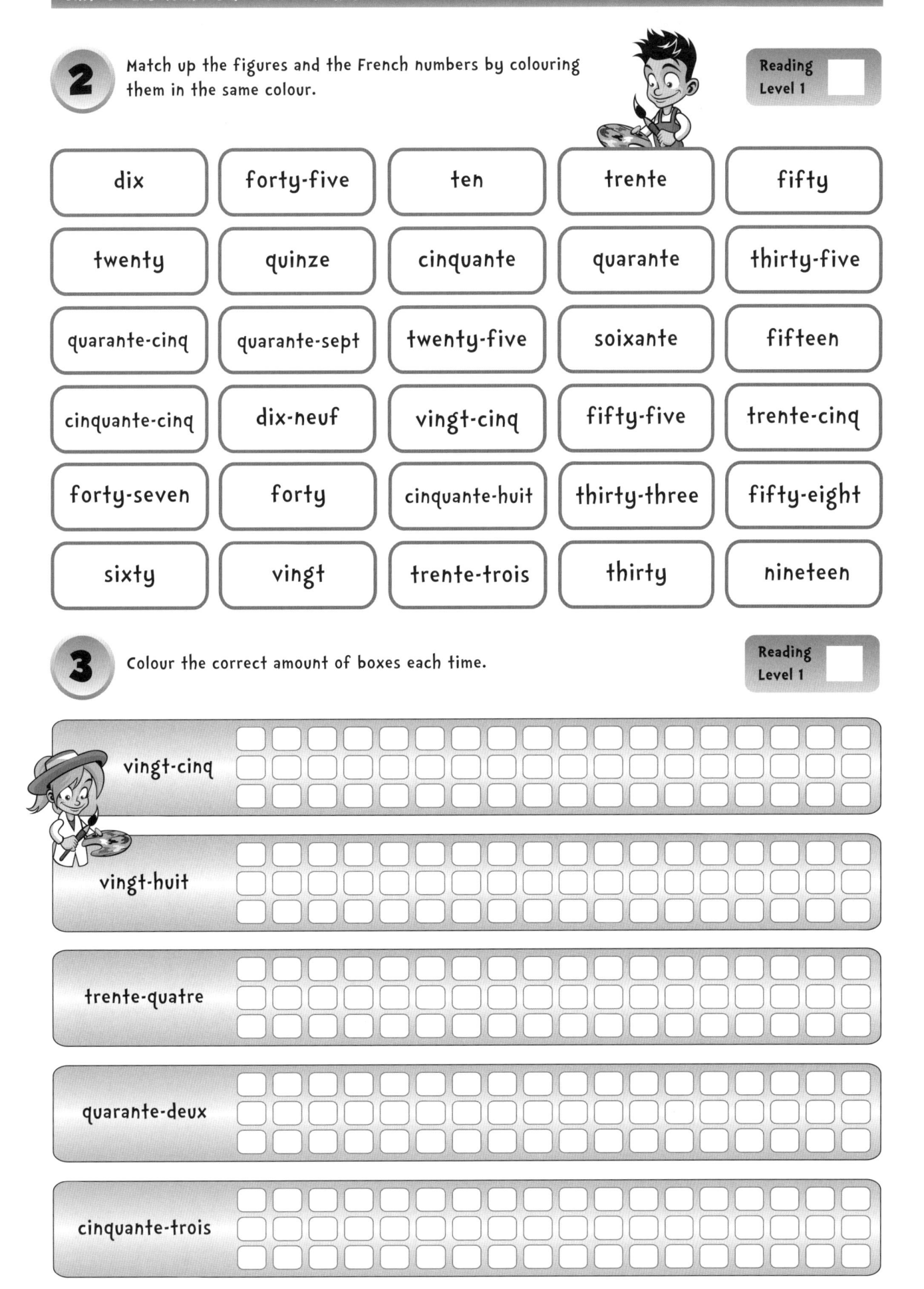

2
Match up the figures and the French numbers by colouring them in the same colour.

Reading Level 1

dix	forty-five	ten	trente	fifty
twenty	quinze	cinquante	quarante	thirty-five
quarante-cinq	quarante-sept	twenty-five	soixante	fifteen
cinquante-cinq	dix-neuf	vingt-cinq	fifty-five	trente-cinq
forty-seven	forty	cinquante-huit	thirty-three	fifty-eight
sixty	vingt	trente-trois	thirty	nineteen

3
Colour the correct amount of boxes each time.

Reading Level 1

vingt-cinq

vingt-huit

trente-quatre

quarante-deux

cinquante-trois

Unit 8 · Les nombres de 1 à 60 et l'heure

4 Find the numbers in French and write them next to the correct figure in the list.

Reading Level 1

1. _____
2. _____
3. _____
4. _____
5. _____
6. _____
7. _____
8. _____
9. _____
10. _____
11. _____
12. _____
13. _____
14. _____
15. _____
16. _____
17. _____
18. _____
19. _____
20. _____
21. _____
22. _____
23. _____
24. _____
25. _____
26. _____
27. _____
28. _____
29. _____
30. _____
40. _____
45. _____
50. _____
55. _____
60. _____

```
U N T V R G I N G H T A S A D E X
D N P H A S E R D U H I V D E S E
I D E U X M O E N N O M I T U O C
X A S I Q U A T R E D E N P U I I
S S O T T A S R D I U R G E V N N
E I E S R N I E S X E F T S I A Q
P T D C O R E N E T R U S T N S U
T E I S I O N T T O I E I G G E A
I R X I S N A E N S E N X N T R N
A S D E A Z Q E A N L T W I H E T
T D O U Z E O N X R E G E V U Z E
D R C D E D E R I Q L N N B I I C
I X E I D E Q A O N A I A X T E I
X S E I S A E U S I K V B V D S N
H T R E Z N K B A C E U T I R E Q
U E E S E E L E V T R A R N E Z G
I S D X T A S R A G O K L G S N E
T N A S G E N A N N S R A T L I S
J D I X N E U F M I E C Z D Q U A
D A S A S L P A V V T I F E N Q U
E D E R U I S A I N N N V U I S E
X F A V I N C N N H A Q I X C V D
L E D E R X V A G G U U N I E E H
I D A S E O G S T O Q A G H T R V
O N V I N G T E T U N N T T N J T
N Q U A R A N T E S I T T D A O G
T O X E S E X C A N C E R A R L H
G D N F R U H U O D E X O D A A I
T U P E R T A U Q T G N I V U S N
E D E D X I S E R T I X S N Q A K
```

© linguascope www.linguascope.com

Unit 8 • Les nombres de 1 à 60 et l'heure

5

Number Sudoku: Complete the grid below in French. Every row, column and mini-grid must contain all nine words. The nine words are below:

Reading Level 1

dix • quinze • vingt • vingt-cinq • trente • trente-cinq • quarante • cinquante • soixante

vingt	trente	quinze	dix			quarante		vingt-cinq
quarante		cinquante	vingt-cinq				quinze	
dix		vingt-cinq	quarante	vingt	quinze			cinquante
cinquante		soixante	trente					
trente	quinze		cinquante		trente-cinq		vingt-cinq	quarante
				vingt-cinq	cinquante			soixante
vingt-cinq			soixante	cinquante	quarante	quinze		trente-cinq
	cinquante				vingt	vingt-cinq		trente
quinze		quarante			trente	soixante	cinquante	vingt

6

Complete the sums below with the correct number written in French.

Reading Level 1 **Writing Level 1**

a. un + deux = _____

b. deux + deux = _____

c. quatre + un = _____

d. neuf + huit = _____

e. dix + dix = _____

f. huit + treize = _____

g. quinze + quinze = _____

h. quinze + seize = _____

i. vingt + dix-sept = _____

j. vingt-huit + neuf = _____

k. trente + vingt = _____

l. vingt-neuf + vingt-deux = _____

m. trente + vingt-deux = _____

n. vingt-huit + vingt-huit = _____

o. trente + trente = _____

p. quarante + vingt = _____

© linguascope   www.linguascope.com

Unit 8 · Les nombres de 1 à 60 et l'heure

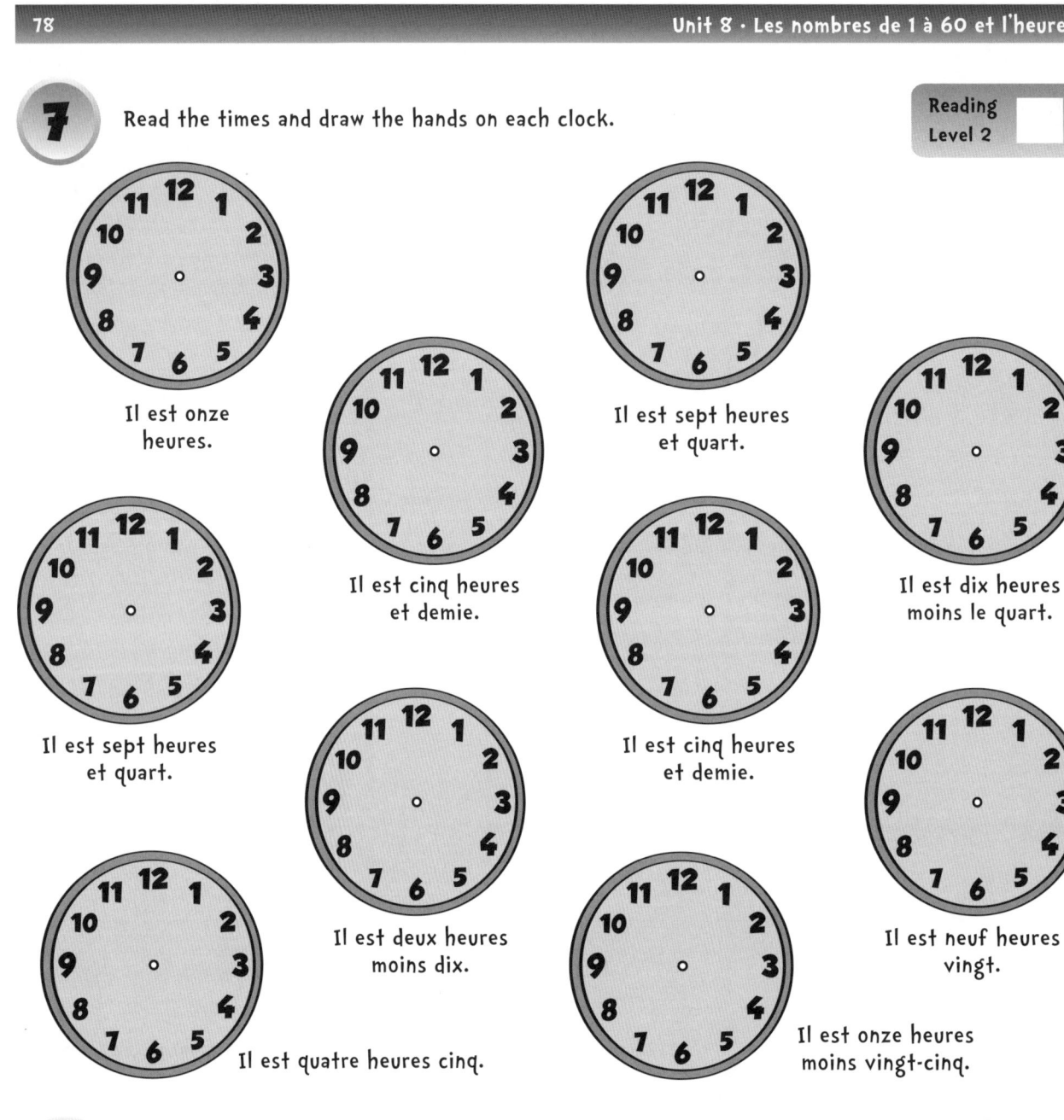

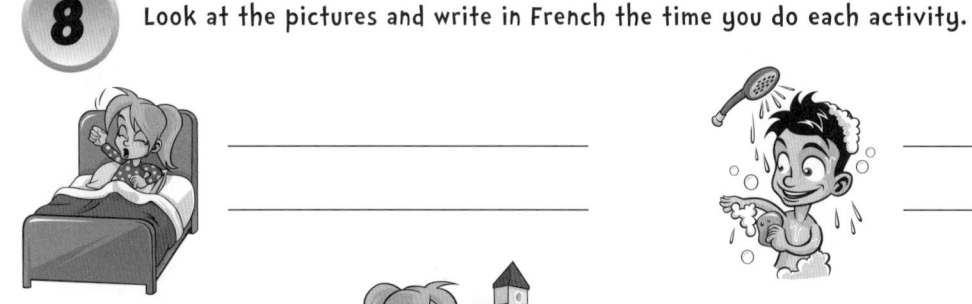

7 Read the times and draw the hands on each clock.

Reading Level 2

Il est onze heures.

Il est cinq heures et demie.

Il est sept heures et quart.

Il est dix heures moins le quart.

Il est sept heures et quart.

Il est deux heures moins dix.

Il est cinq heures et demie.

Il est neuf heures vingt.

Il est quatre heures cinq.

Il est onze heures moins vingt-cinq.

8 Look at the pictures and write in French the time you do each activity.

Writing Level 2

_____

_____

_____

_____

_____

Unit 8 · Les nombres de 1 à 60 et l'heure

9a. Read the speech bubbles and complete the table.

Reading Level 3

> Je m'appelle Marc. Je me lève à sept heures et je quitte la maison à huit heures moins le quart. J'arrive au collège à huit heures. Les cours commencent à huit heures et quart. Je rentre à la maison à cinq heures.

> Je m'appelle Mireille. Je me lève à six heures et demie et je quitte la maison à sept heures vingt. J'arrive au collège à huit heures moins dix. Les cours commencent à huit heures. Je rentre à la maison à cinq heures moins le quart.

Name	Gets up at...	Leaves house at...	Arrives at school at...	Lessons begin at...	Returns home at...
Marc					
Mireille					

9b. Write in the speech bubble about what time you do things on a school day. Use the exercise above to help you.

Writing Level 3

10 Read the text below and answer the questions in English.

Reading Level 4

Bonjour ! Je m'appelle Hélène. J'ai onze ans. Mon anniversaire est le premier janvier. Je me lève à sept heures. Je mange mon petit déjeuner. Normalement je mange du pain grillé et je bois du thé. Je quitte la maison à huit heures moins dix. Je vais au collège à pied parce que mon collège est près de maison. J'arrive au collège à huit heures cinq. Les cours commencent à huit heures et quart et finissent à quatre heures et demie. Ma matière préférée est l'anglais. C'est super! Je rentre à la maison à cinq heures moins vingt. Je prends le goûter, puis je fais de la danse ou de la natation ou je pratique le piano. Ensuite je prends le dîner avec mes parents et ma sœur. Après le dîner, je fais mes devoirs et puis je regarde la télé ou je joue sur l'ordinateur. Je me couche à huit heures et demie mais si je ne peux pas dormir, je lis.

a. How old is Hélène?

b. When is Hélène's birthday?

c. What time does Hélène get up?

d. What does Hélène eat and drink for breakfast?

e. What does Hélène do at ten to eight?

f. How does Hélène get to school?

g. What time does Hélène arrive at school?

h. What time do lessons start and end?

i. What is Hélène's favourite subject and why?

j. What time does Hélène return home?

k. What does Hélène do before dinner? Mention three things.

l. What does Hélène do after dinner? Mention three things.

m. At what time does Hélène go to bed?

n. What does Hélène do if she can't sleep?

Unit 8 · Les nombres de 1 à 60 et l'heure

11

11a. Read the English text and then complete the French equivalent text with the correct missing words in French from the box.

Reading Level 4

Writing Level 1

Hi! My name is Sébastien. I am twelve years old. My birthday is on the twenty-third of May. I get up at seven o'clock. I have my breakfast at quarter past seven and I leave the house at half past seven. I arrive at school at eight o'clock. Lessons begin at twenty past eight and finish at five o'clock. I return home at half past five. I do my homework and then I eat dinner with my family. After dinner I watch TV or play on the computer. I go to bed at quarter to nine.

Salut ! Je m'_____ Sébastien. J'ai _____ ans. Mon anniversaire est le _____ mai. Je me lève à _____ heures. Je prends mon petit _____ à _____ heures moins le _____ et je quitte la _____ à sept heures et _____. J'arrive au _____ à _____ heures. Les cours commencent à huit heures _____ et finissent à _____ heures. Je rentre à la maison à cinq heures _____ demie. Je fais mes _____ et puis je _____ le dîner _____ ma _____. Je me _____ à _____ heures _____ le quart.

vingt · cinq · et · appelle · avec · maison · devoirs · vingt-trois · douze · sept · déjeuner · neuf · famille · couche · huit · collège · quart · demie · moins · prends · sept

11b. Write an email to Sébastien.
Introduce yourself (name/age/birthday). Say what time you get up, what you eat and drink for breakfast, what time you leave the house, what time you arrive at school, what time your lessons start and end, what your favourite subject is and why, what time you return home, what you do after school.

Writing Level 4

12 Revision crossword • Complete the crossword below in French:

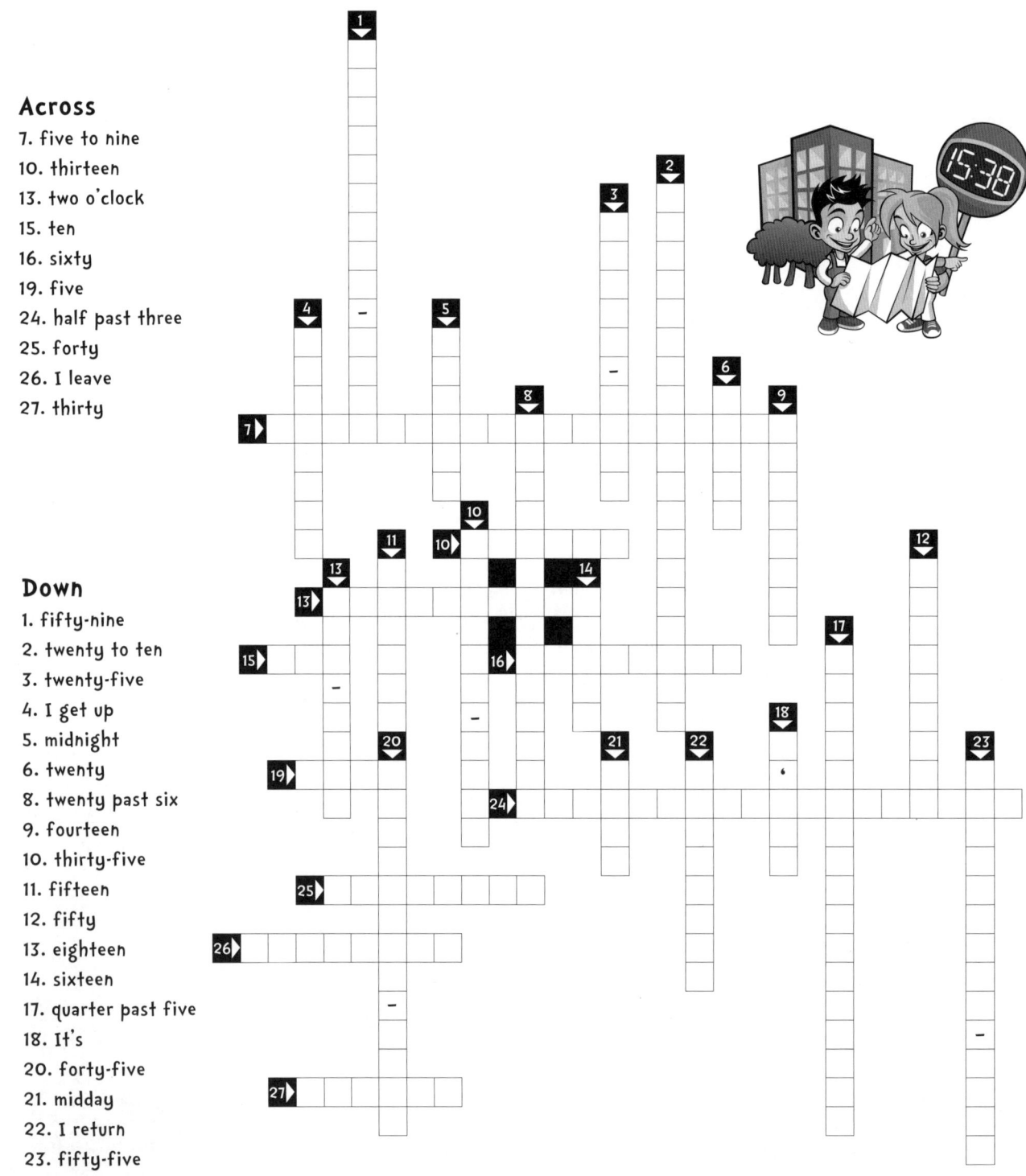

Across
7. five to nine
10. thirteen
13. two o'clock
15. ten
16. sixty
19. five
24. half past three
25. forty
26. I leave
27. thirty

Down
1. fifty-nine
2. twenty to ten
3. twenty-five
4. I get up
5. midnight
6. twenty
8. twenty past six
9. fourteen
10. thirty-five
11. fifteen
12. fifty
13. eighteen
14. sixteen
17. quarter past five
18. It's
20. forty-five
21. midday
22. I return
23. fifty-five

Cover Lesson Worksheets
Year 7 — Unit 9

En ville

Nom : _____ Classe : _____

1 Draw a sign for each place below in the boxes provided. Use the vocabulary on the inside front cover to help you.

Writing Level 1

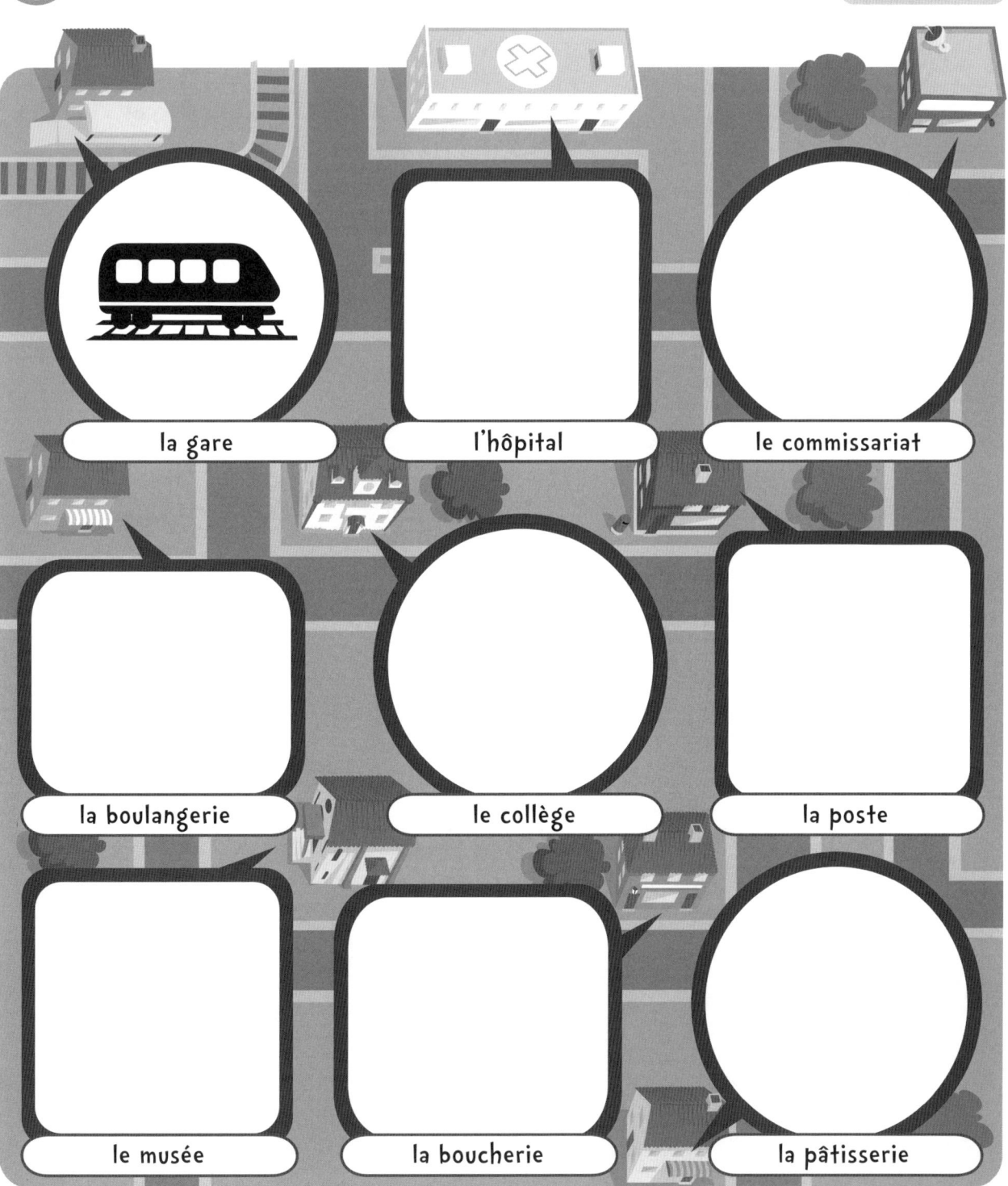

la gare	l'hôpital	le commissariat
la boulangerie	le collège	la poste
le musée	la boucherie	la pâtisserie

© linguascope www.linguascope.com

Vocabulaire

En ville	• In town
La banque	• Bank
La boucherie	• Butcher's
La boulangerie	• Bakery
Le bowling	• Bowling alley
Le café	• Café
La cathédrale	• Cathedral
Le cinéma	• Cinema
Le collège	• School
Le commissariat	• Police station
L'église	• Church
L'épicerie	• Greengrocer's
La gare	• Train station
La gare routière	• Bus station
L'hôpital	• Hospital

Les magasins	• Shops
La mairie	• Town hall
Le marché	• Market
Le musée	• Museum
La patinoire	• Ice-rink
La pâtisserie	• Cake shop
La pharmacie	• Pharmacy/Chemist's
La piscine	• Swimming pool
La poste	• Post office
Le restaurant	• Restaurant
Le stade	• Stadium
Le supermarché	• Supermarket
Le tabac	• Tobacconist's
Le théâtre	• Theatre

Verbes / Verbs

Acheter	• To buy
Boire	• To drink
Faire	• To do/make
Manger	• To eat
Retirer	• To withdraw
Prendre	• To take
Regarder	• To watch

Directions / Directions

Où est... ?	• Where is... ?
Où sont... ?	• Where are... ?
Tournez	• Turn
À droite	• (on the) right
À gauche	• (on the) left
Continuez	• Continue
Tout droit	• Straight on
Allez	• Go

Unit 9 · En ville 85

2 Complete the word search below. Find the words in French.

Reading Level 1

```
C A S E R E R T Â É H T A B E C A E
D A C Ô T É M A R E C H É S U P E R
E H T L É M U S É E L L Ô E G S E T
C O D H U H S U P E R M A R C H É A
F I H E É M C M É U A F É S A P C B
R T N A E D U R S E V I L E S E O A
E Â S É S T R S A C N H M A G S L C
T E L S M A T A S M Z I Ô S I D E Ô
H C É T G A A S L N O L C P N E G P
E O M A G A S S I E P I R S I C P I
I M A G A S I N S Â H P E S I T O L
C M R E S T A U R A N T S I C P A E
A I E S G E A E R I O N I T A P P L
M S I E S T R É I P E H C E F I Â A
R S R I B T P A N E H A A R F E T S
A A E R U O A R D I C R M È E G I F
H R C I P H A D S R O E Ô I G È S R
P I I A Â T I S E E B T H T R L S T
A A P M A N I S A G M S O U E L E E
E T É G L I S E M N S O M O A O R L
U G E S B A N É F A C P I R J C I L
Q A A I S P B O W L I N G E M G E I
N R É R C Â I N A U A L S R A A S V
A T G A E R S T A O T I O A N V I L
B O U C H E R I E B B O U G L E L E
```

☐ banque	☐ collège	☐ magasins	☐ poste
☐ boucherie	☐ commissariat	☐ mairie	☐ restaurant
☐ boulangerie	☐ église	☐ musée	☐ stade
☐ bowling	☐ épicerie	☐ patinoire	☐ supermarché
☐ café	☐ gare	☐ pâtisserie	☐ tabac
☐ cathédrale	☐ gare routière	☐ pharmacie	☐ théâtre
☐ cinéma	☐ hôpital	☐ piscine	☐ ville

© linguascope www.linguascope.com

Unit 9 · En ville

3 Match the place to the object/person by colouring them in the same colour.

Reading Level 1

le train	un thé	du porc	un agent de police	des aspirines
la poste	la pâtisserie	le cinéma	le café	une enveloppe
un gâteau	un autobus	la pharmacie	le commissariat	la boucherie
le collège	la gare	la gare routière	un film	un professeur

4 Fill in the missing letters to spell places in town.

Writing Level 1

a. m _ _ r _ e

b. p _ t _ n _ i _ e

c. c _ n _ _ a

d. g _ r _

e. s _ a d _

f. _ p i _ _ r _ _

g. s _ _ e r _ _ r _ h _

h. t _ b _ c

i. p _ s c _ _ _

j. p h _ _ _ a _ i _

5 Read the sentences below and fill in the gap with a French place from the box each time.

Reading Level 2 Writing Level 1

a. Je vais à la _____ parce que je voudrais un gâteau.

b. Je vais à la _____ parce que je voudrais du porc.

c. Je vais à la _____ parce que je voudrais du pain.

d. Je vais à la _____ parce que je voudrais de l'aspirine.

e. Je vais au _____ parce que je voudrais un thé.

boulangerie
pâtisserie
pharmacie
café
boucherie

Unit 9 · En ville

6 Label each picture below in French with a place from the box.

Writing Level 1

le café · l'hôpital · la boucherie · le collège ·
la banque · le théâtre · le supermarché · la poste ·
le musée · la pâtisserie · le bowling · la gare routière ·
la boulangerie · la gare · le stade

Unit 9 · En ville

7 7a. Write in French where you would do the following activities.

Reading Level 2

On y va pour · We go there in order

a. On y va pour faire de la natation.
b. On y va pour faire du patin à glace.
c. On y va pour prendre un train.
d. On y va pour prendre un autobus.
e. On y va pour regarder un film.
f. On y va pour regarder un match de foot.
g. On y va pour acheter des saucisses.
h. On y va pour acheter un gâteau.
i. On y va pour acheter un timbre.
j. On y va pour manger un bon repas.
k. On y va pour boire une tasse de thé.
l. On y va pour retirer de l'argent.

acheter	· to buy	retirer	· to withdraw
boire	· to drink	prendre	· to take
faire	· to do/make	regarder	· to watch
manger	· to eat		

7b. Write in French five sentences to say where you go in order to do something like the sentences in exercise 7a.

Writing Level 2

a.
b.
c.
d.
e.

© linguascope   www.linguascope.com

Unit 9 • En ville

8 8a. Write in English what the people below are looking for.

Reading Level 2

Où est... ?	• Where is... ?
Où sont... ?	• Where are... ?
S'il vous plaît	• Please

a. Où est la gare, s'il vous plaît?

b. Où est la poste, s'il vous plaît ?

c. Où est la piscine, s'il vous plaît ?

d. Où est la patinoire, s'il vous plaît ?

e. Où est la boucherie, s'il vous plaît ?

f. Où est le tabac, s'il vous plaît ?

g. Où est l'épicerie, s'il vous plaît ?

h. Où est le stade, s'il vous plaît ?

i. Où est l'église, s'il vous plaît ?

j. Où est l'hôpital, s'il vous plaît ?

k. Où sont les magasins ?

l. Où sont les restaurants ?

8b. What directions are given? Write the answers in English.

Reading Level 2

À gauche	• (on the) left	Continuez	• Continue
Tournez	• Turn	Tout droit	• Straight on
À droite	• (on the) right	Allez	• Go

a. La gare ? C'est à gauche.

b. La poste ? C'est à droite.

c. La piscine ? Tournez à gauche.

d. La patinoire ? Tournez à droite.

e. La boucherie ? Continuez tout droit.

f. Le tabac ? Tournez à gauche puis à gauche.

g. L'épicerie ? Allez tout droit et tournez à gauche.

h. Le stade ? Allez tout droit. C'est à droite.

©linguascope   www.linguascope.com

Unit 9 · En ville

9

9a. Read the text below and answer the questions in English.

Reading Level 3

> Salut ! Je m'appelle Sofia. J'habite dans une petite maison en ville. Près de ma maison il y a une boulangerie, une poste et une épicerie. J'habite assez loin de mon collège. Je vais au collège en autobus tous les jours. En ville il y a beaucoup de magasins, un grand cinéma, trois banques, une piscine et un petit théâtre.

a. Where does Sofia live? Give two details.

b. What three places are near Sofia's house?

c. What places in town does she mention?

9b. Write a few sentences in French about where you live, what places are near your house and what is in your town or village. Use the text in exercise 7 to help you.

Reading Level 3

10

Read the text below and answer the questions in English.

Reading Level 4

> Je m'appelle Ludovic. J'habite à Paris dans un grand appartement avec mes parents et mon petit frère. Je vais à pied au collège parce que j'habite près de mon collège. Près de mon appartement il y a beaucoup de bons restaurants et des magasins de vêtements. C'est super ! Aussi il y a un grand cinéma et une piscine chauffée. La gare est assez loin de ma maison et l'hôpital aussi. J'adore habiter à Paris parce qu'il y a beaucoup à faire et tous mes amis habitent près de moi.

© linguascope   www.linguascope.com

Unit 9 · En ville

1. Where does Ludovic live? Give two details.

2. Who does Ludovic live with?

3. How does Ludovic get to school? Why?

4. What is near where he lives?

5. What does Ludovic say about the train station?

6. Why does Ludovic love living in Paris? Give two details.

11 Read the text below and answer the questions in English.

Reading Level 5

Je m'appelle Lucie et j'habite à Bordeaux. J'habite dans une grande maison avec mes parents et mes deux sœurs. Aussi j'ai un petit chien marron et un chat noir. J'aime ma maison parce que c'est confortable. Ma chambre est rose et blanche et dans ma chambre il y a un grand lit, une commode, une grande armoire et une étagère. Je ne partage pas ma chambre avec mes sœurs. C'est super ! Près de ma maison il y a un beau parc où je sors le chien. Aussi il y a une boulangerie au coin de la rue et mon collège est à dix minutes à pied. Au centre-ville il y a un bon cinéma, un théâtre et des magasins. Le week-end prochain, je vais aller à Londres en Angleterre. Je vais voyager en train sous la Manche. Je vais faire du shopping avec ma mère et mes sœurs parce qu'il y a beaucoup de bons magasins de vêtements à Londres. Après nous allons rencontrer mon père et nous allons visiter des musées.

a. Where does Lucie live? Give two details?

b. Who does Lucie live with?

c. What animals does Lucie have?

d. What colours are Lucie's bedroom?

e. What is in Lucie's room?

f. Does Lucie share her bedroom?

g. What does Lucie do in the park?

h. What is on the corner?

i. How far away is the school?

j. What places are in the town centre?

k. Where is Lucie going next weekend?

l. How is Lucie going to get to her destination?

m. What is Lucie going to do next weekend?

12 Revision crossword •
Complete the crossword below in French:

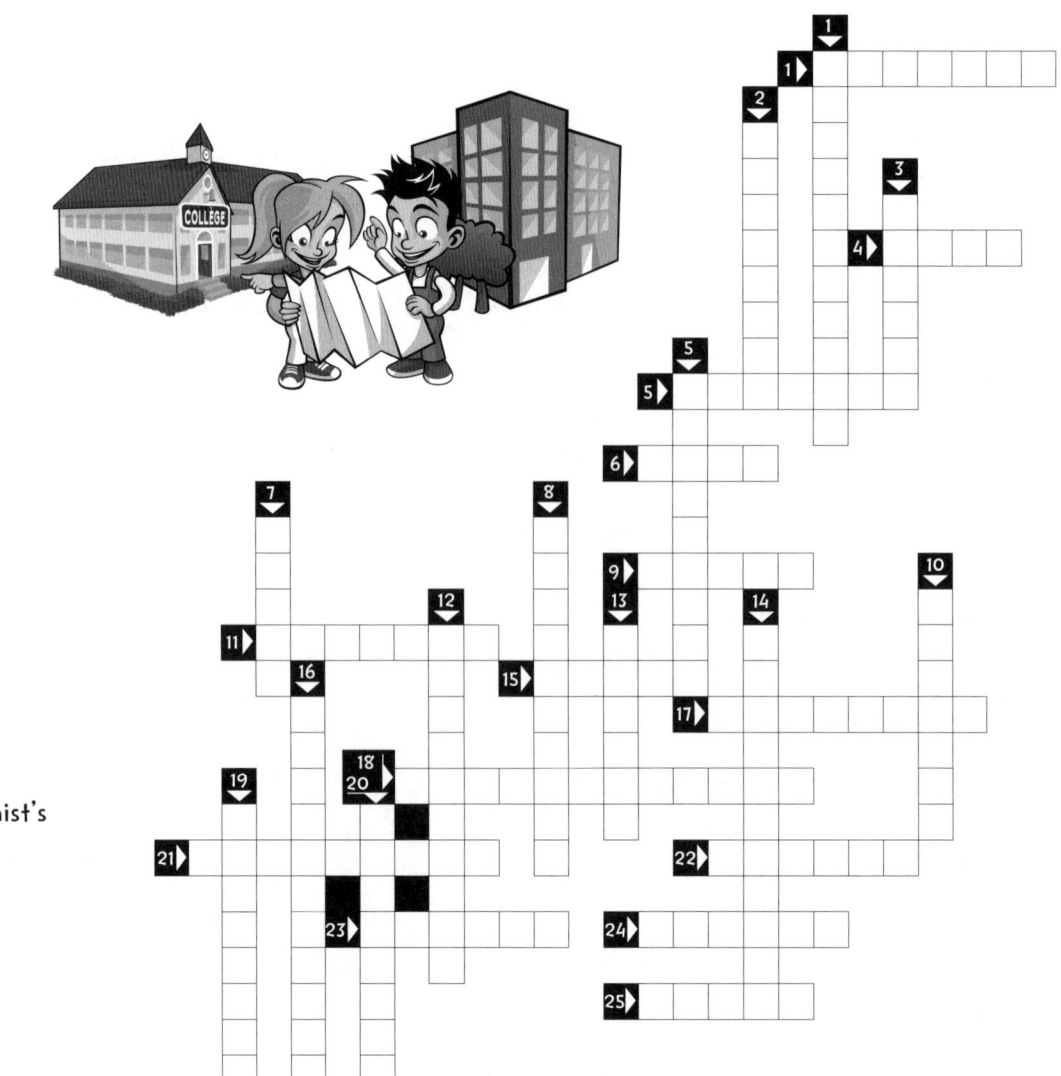

Across
1. bowling alley
4. train station
5. swimming pool
6. café
9. tobacconist's
11. theatre
15. stadium
17. greengrocer's
18. bus station
21. ice-rink
22. town hall
23. cinema
24. market
25. museum

Down
1. bakery
2. shops
3. church
5. pharmacy/chemist's
7. post office
8. cake shop
10. hospital
12. restaurant
13. bank
14. supermarket
16. police station
19. cathedral
20. butcher's

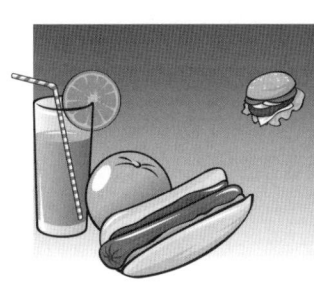

Cover Lesson Worksheets
Year 7 Unit 10

Les snacks

Nom : _____   Classe : _____

1 Colour the foods in the correct colours according to their descriptions.

Reading Level 1

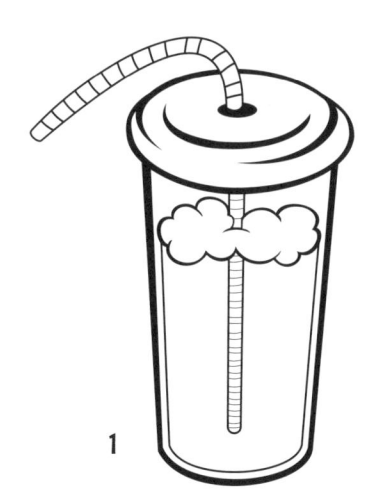

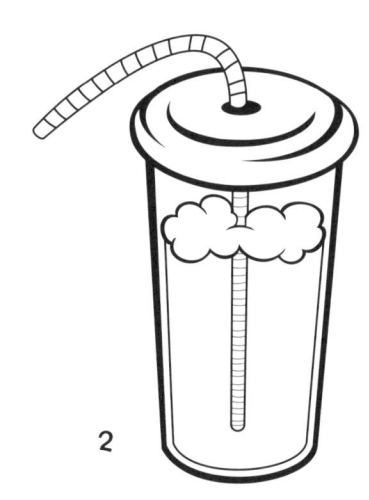

1
2
3

1
2
3

1. Une glace à la fraise
2. Une glace au chocolat
3. Une glace à la vanille

1. Un milkshake au chocolat
2. Un milkshake à la vanille
3. Un milkshake à la fraise.

© linguascope   www.linguascope.com

Vocabulaire

Je voudrais... / I would like...

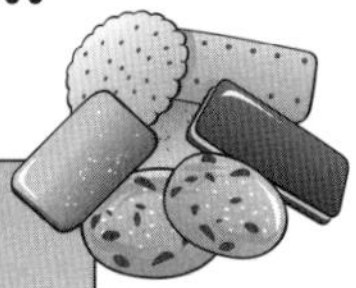

des biscuits	• some biscuits
une canette de coca	• a can of coke
des bonbons	• some sweets
une bouteille de limonade	• a bottle of lemonade
un café	• a coffee
des chips	• some crisps
un chocolat chaud	• hot chocolate
un coca	• a Coke
un coca light	• a diet coke
un Fanta	• a Fanta
un gâteau	• a cake
une glace au chocolat	• a chocolate ice cream
une glace à la fraise	• a strawberry ice cream
une glace à la vanille	• a vanilla ice cream
un hamburger	• a hamburger
un hot-dog	• a hot-dog
un jus d'orange	• an orange juice
une limonade	• a lemonade
un milkshake à la fraise	• a strawberry milkshake
un paquet de chips	• a packet of crisps
une portion de frites	• a portion of chips/fries
un Orangina	• an Orangina
un sandwich au fromage	• a cheese sandwich
un sandwich au jambon	• a ham sandwich
une tasse de thé	• a cup of tea
un thé	• a tea
une tranche de pizza	• a slice of pizza
un verre de jus	• a glass of juice
S'il vous plaît	• please

Verbes / Verbs

manger	• to eat
boire	• to drink

Questions / Questions

C'est tout ?	• Is that all?
C'est combien ?	• How much is it?
Ça coûte...	• That costs...

Unit 10 · Les snacks

2

2a. Match the English and French snacks by colouring them in the same colour.

Reading Level 1

fromage	Coke	cheese	chocolat	tea
chips	lemonade	jambon	frites	fraise
gâteau	strawberry	coca	chocolate	ice cream
glace	cake	thé	ham	limonade

2b. Can you find all twenty French foods and snacks in the grid below? Write them in the list as you find them.

Reading Level 1

1. _____
2. _____
3. _____
4. _____
5. _____
6. _____
7. _____
8. _____
9. _____
10. _____
11. _____
12. _____
13. _____
14. _____
15. _____
16. _____
17. _____
18. _____
19. _____
20. _____

```
F R A I S E S E R F R É F A C M
C I A Z Z I P T H É B O I S H F
H O A P F L I M S O R G A N O A
I I C O A R D O R A N G E F C N
P L L A C E O N T E N S H A O T
S O A M F R I M J A M D A E L A
I N E M G A T E A X B O W T A C
S B I S C U I T S G A N M I T O
E G G A T H O R A N E I B Â C A
T G Â O R C O C A L I G H T H H
I C V T C H O T A T E F U C A C
R H A A E T R S D G U A T E U H
F I N S E A N O R O E T G R D O
J A M B O N U H A B G A E S A A
P S I L L E H A M B U R G E R C
G Â T A E K A H S K L I M Â N L
J U S T E S I E D A N O M I L A
```

© linguascope   www.linguascope.com

Unit 10 · Les snacks

3a. Read the menu and write the food in English next to each correct price.

Reading Level 1

AU SNACK

Hot-dog	2,40 €
Hamburger	3,30 €
Frites	1,50 €
Pizza (tranche)	1,65 €
Sandwich au jambon	2,50 €
Sandwich au fromage	2,40 €
Paquet de chips	0,80 €
Thé	1,45 €
Café	2,10 €
Chocolat chaud	2,00 €
Coca	1,60 €
Limonade	1,55 €
Jus d'orange	1,90 €

0,80 € _____

1,45 € _____

1,50 € _____

1,65 € _____

2,00 € _____

2,50 € _____

3,30 € _____

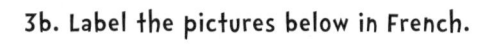

3b. Label the pictures below in French.

Writing Level 1

Unit 10 · Les snacks

3c. Write your own snack menu in French. Remember the prices will be in euros.

Writing Level 1

Menu

4a. Read the ingredients in the hamburger and the sandwich and write them in English.

Reading Level 2

Dans mon hamburger il y a du bœuf, de la salade, du fromage et des cornichons.

Dans mon sandwich il y a du fromage, de la tomate, de la salade, des oignons et du jambon.

_____
_____
_____

_____
_____
_____

4b. Invent a burger or a sandwich. Write a description of it in below like in exercise 4a. Then draw a picture of it in the box provided.

Writing Level 2

_____
_____
_____
_____

© linguascope   www.linguascope.com

5a. Read Ludovic's snack diary and complete the table in English.

Reading Level 2-3

LUNDI
Manger : Deux paquets de chips et un gâteau.
Boire : Deux petites bouteilles de coca.

MARDI
Manger : Trois tranches de pizza et des bonbons. Boire : Un Fanta et deux tasses de café.

MERCREDI
Manger : Un petit gâteau et un sandwich au fromage. Boire : Un chocolat chaud et une canette de coca.

JEUDI
Manger : Une portion de frites et un hamburger. Boire : Une petite bouteille de limonade et un café.

VENDREDI
Manger : Un sandwich au fromage et des biscuits.
Boire : Trois canettes de coca.

SAMEDI
Manger : Un paquet de chips et une tranche de gâteau. Boire : Deux verres de jus d'orange et un thé.

DIMANCHE
Manger : Une glace au chocolat et une glace à la vanille. Boire : Un milkshake à la fraise et un coca light.

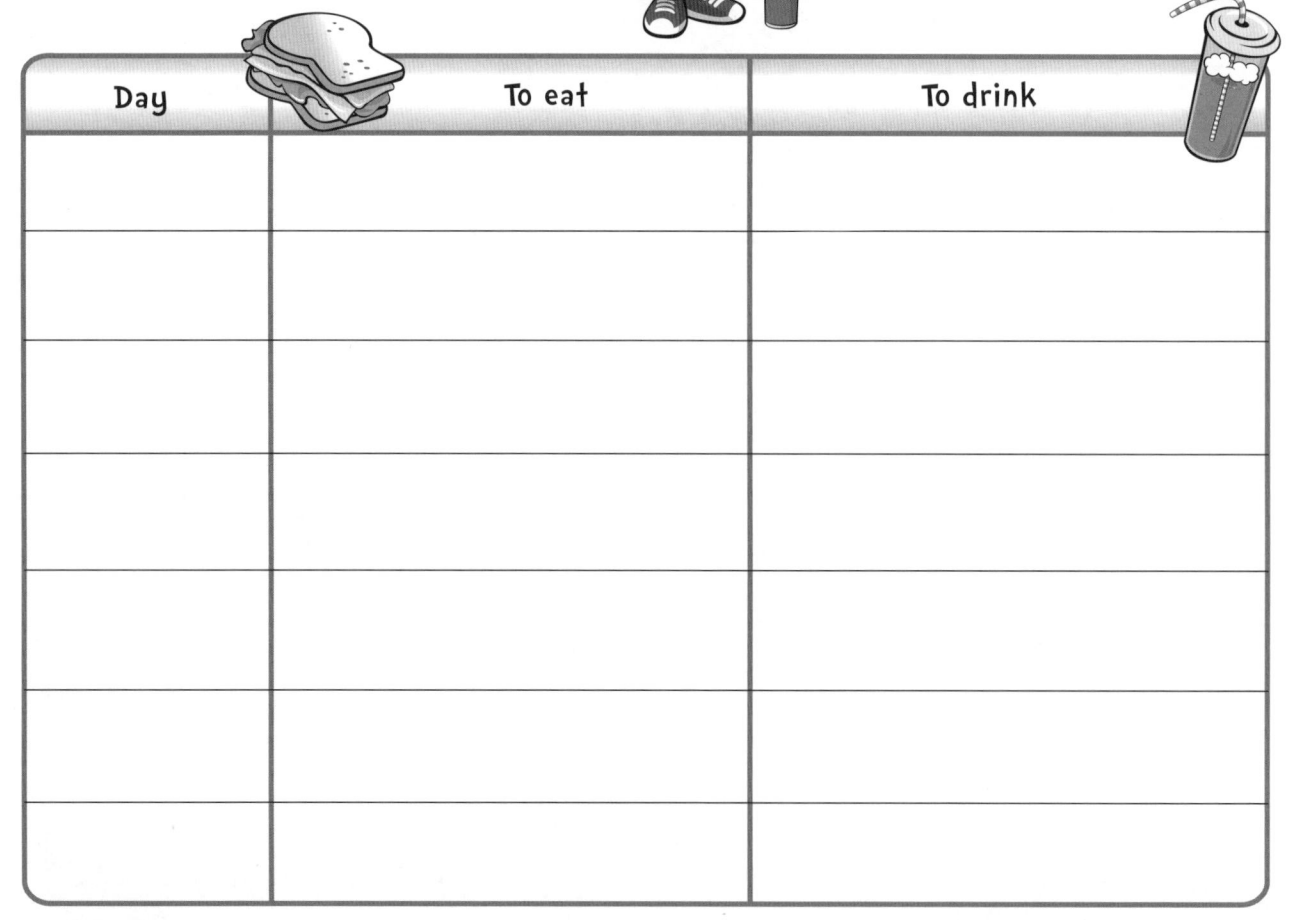

Day	To eat	To drink

Unit 10 · Les snacks

5b. Write your own snack diary in French for every day last week. Use exercise 5a to help you.

Reading Level 2

LUNDI
Manger : _____

Boire : _____

MARDI
Manger : _____

Boire : _____

MERCREDI
Manger : _____

Boire : _____

JEUDI
Manger : _____

Boire : _____

VENDREDI
Manger : _____

Boire : _____

SAMEDI
Manger : _____

Boire : _____

DIMANCHE
Manger : _____

Boire : _____

5c. Read the speech bubbles and then answer the questions below with a name each time.

Reading Level 2-3

Sandrine: Je voudrais des frites et deux tranches de pizza, s'il vous plaît.

Robert: Je voudrais une glace à la fraise et un coca light, s'il vous plaît.

Lisa: Je voudrais un sandwich au fromage et un paquet de chips, s'il vous plaît.

a. Who would like a strawberry ice cream? _____

b. Who would like two slices of pizza? _____

c. Who would like a diet Coke? _____

d. Who would like a cheese sandwich? _____

e. Who would like a packet of crisps? _____

f. Who would like some chips? _____

© linguascope   www.linguascope.com

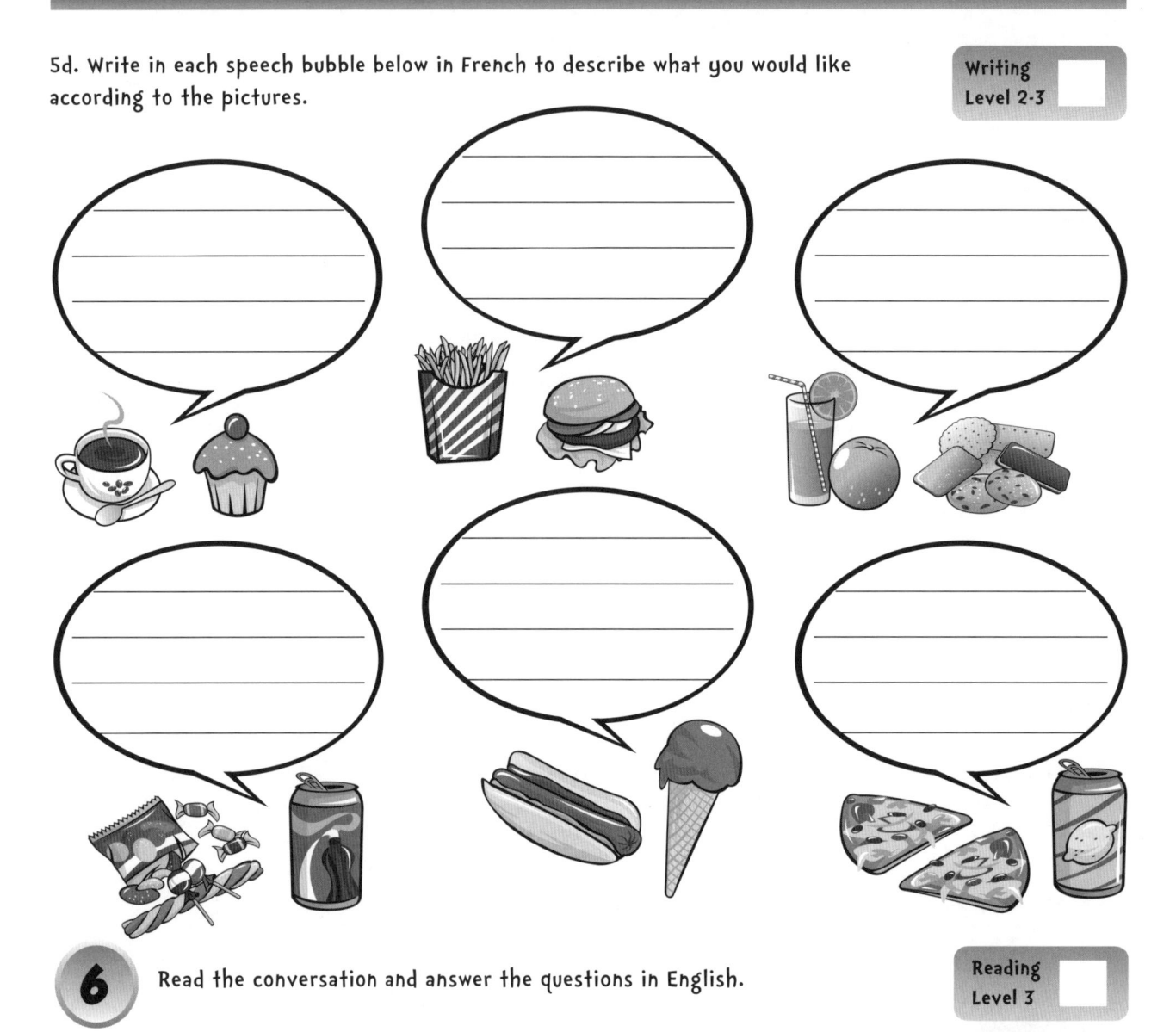

5d. Write in each speech bubble below in French to describe what you would like according to the pictures.

Writing Level 2-3

6 Read the conversation and answer the questions in English.

Reading Level 3

Client : Bonjour ! Je voudrais un sandwich au fromage et un sandwich au jambon, s'il vous plaît.
Vendeur : C'est tout ?
Client : Non, je veux un coca light et un jus d'orange aussi.
Vendeur : Voilà.
Client : C'est combien ?
Vendeur : Ça coûte sept euros vingt.
Client : Merci, au revoir.

a. What food does the customer order?

b. Which drinks does the customer order?

c. How much does the customer's order come to?

Unit 10 · Les snacks

7 7a. Read the text below and answer the questions in English.

Reading Level 4

> Bonjour ! Je m'appelle Alex. J'adore les snacks. Mon snack favori est un paquet de chips. C'est délicieux ! J'aime les glaces aussi, surtout la glace au chocolat.
> Ma boisson favorite est le coca mais je n'aime pas le coca light parce que c'est dégoutant. Aussi je déteste le café parce que c'est amer. Cependant ma mère adore le café et le thé. Je préfère les boissons gazeuses comme le coca et la limonade.

a. What is Alex's favourite snack? Why?

b. What flavour ice cream does Alex particularly like?

c. What is Alex's favourite drink?

d. What fizzy drink does Alex not like? Why?

e. Which hot drink does Alex not like? Why?

f. Which type of drink does Alex prefer?

7b. Write a small paragraph in French about your favourite snack(s) and drink(s) and what snacks and drinks you don't like and why. Use the text in exercise 7a to help.

Writing Level 4

© linguascope   www.linguascope.com

8 Revision crossword
Complete the crossword below in French:

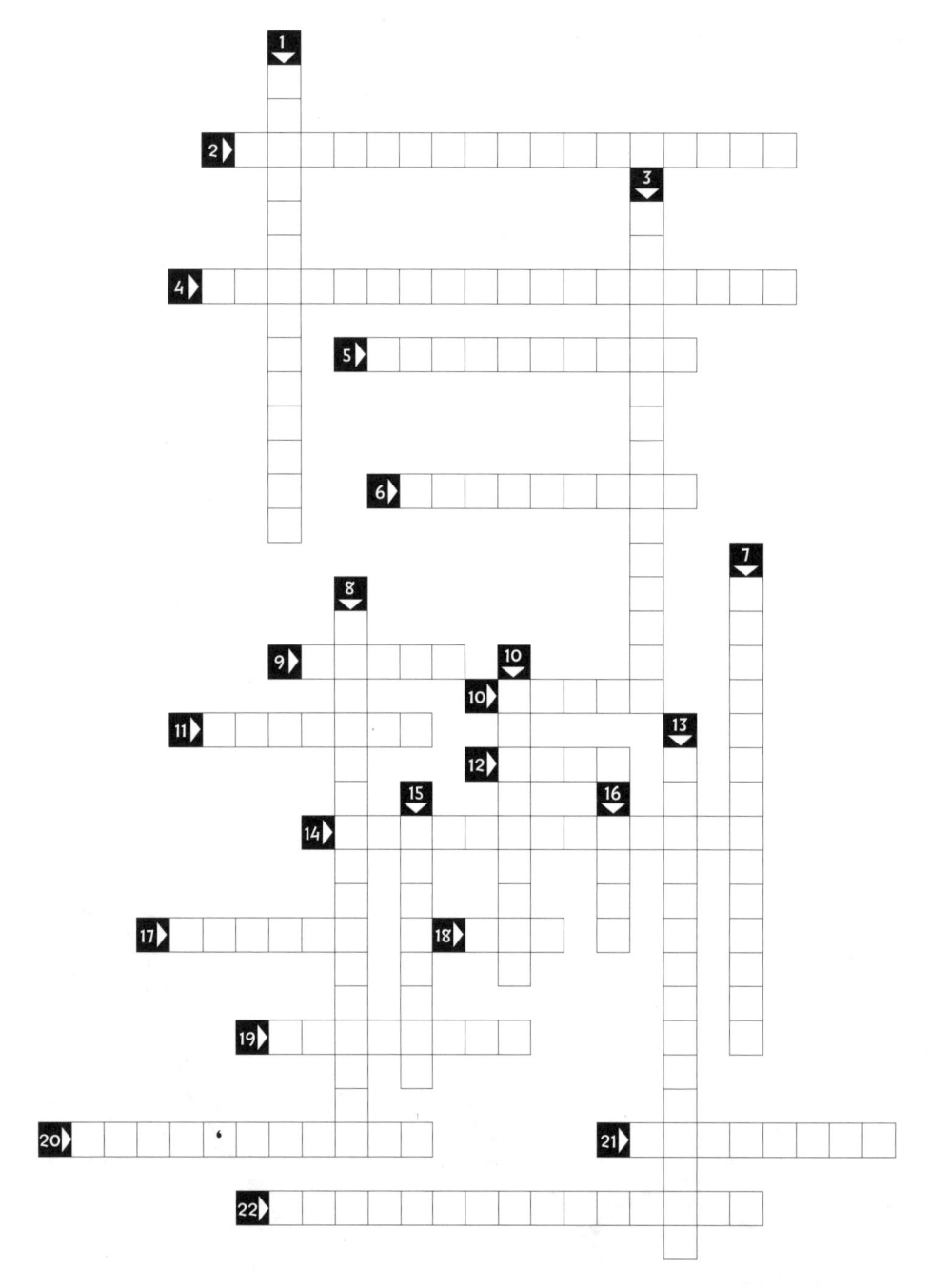

Across
2. Cheese sandwich
4. Strawberry milkshake
5. I would like
6. Hamburger
9. Fanta
10. Crisps
11. Hot-dog
12. Coffee
14. Hot chocolate
17. Cake
18. Tea
19. Lemonade
20. Orange juice
21. Biscuits
22. Chocolate ice cream

Down
1. Strawberry ice cream
3. Portion of chips/fries
7. Slice of pizza
8. Ham sandwich
10. Diet Coke
13. Vanilla ice cream
15. Orangina
16. Coke